仕事が早くなる!

計画力＆習慣力

予定……に
完了……
とっ……の仕事術を
身に……!

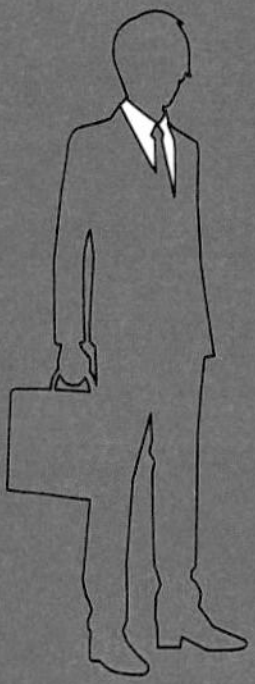

JN238676

日本能率協会マネジメントセンター 編

日本能率協会マネジメントセンター

本書の狙い

予定どおりに
仕事を完了させ、
基本業務を着実に
実行していく
スキルを身につけよう！

INDEX

第1章 計画力を強くしよう!

第2章 うまくいく計画のしくみのつくり方

INDEX

第3章 習慣力を強くしよう！

第4章 習慣力を強くする9つのフェーズ

INDEX

第1章

計画力を強くしよう!

①計画力強化に欠かせない3つのセンス

人は誰でも無自覚に「計画」している

朝起きて、洗顔し、朝食を食べて、電車に乗り、会社に行く。ごく当たり前の朝の行動が「計画」に基づいているといったら、あなたはピンとくるだろうか？

起床から出社までの一連の流れには「遅刻せず出社する」という目標がある。

きちんと出社できたなら、あなたは自覚せずとも、何時に起きるか、身づくろいはどの程度で済ませるか、何を食べるか、何時の電車のどの車両に乗ると乗り降りが効率的か、といったさまざまな要素を盛り込んだ計画を立て、実践したことになる。

つまり、人は毎日、「さまざまな目的達成のための計画」を立て、実践しているのだ。

「計画力」＝段取り力×実行力

夏休みあけの子どもの定番の言い訳に「夏休みの計画を立てるのに1日かかったので、計画がずれて宿題が終わりませんでした」という類のものがある。

これは計画を立てる際に欠かせない前提条件であるスタート日の設定を誤ったことが原因であり、段取りを考える能力の低さが表れている。

また一方で、計画どおりにやったけれど終

わらなかった、という言い訳もあり、これは計画を「実行する能力の低さ」によるものだ。

要するに「計画力」には「正しい条件のもとに段取りを立て」「着実に行う」という2つの要素が含まれている。

「計画力」を強くするには自覚が大事

こう考えると、私たちの生活は、計画と実践の積み重ねだともいえる。会社の業績をあげることも、デートの約束に遅れないことも、同じ「達成すべき目標」なのだから。

これまで無自覚に行ってきた「計画と実践」の手法を、きちんと自覚し、身につけることができたら、あなたの人生はずいぶんとスマートなものになるはずだ。

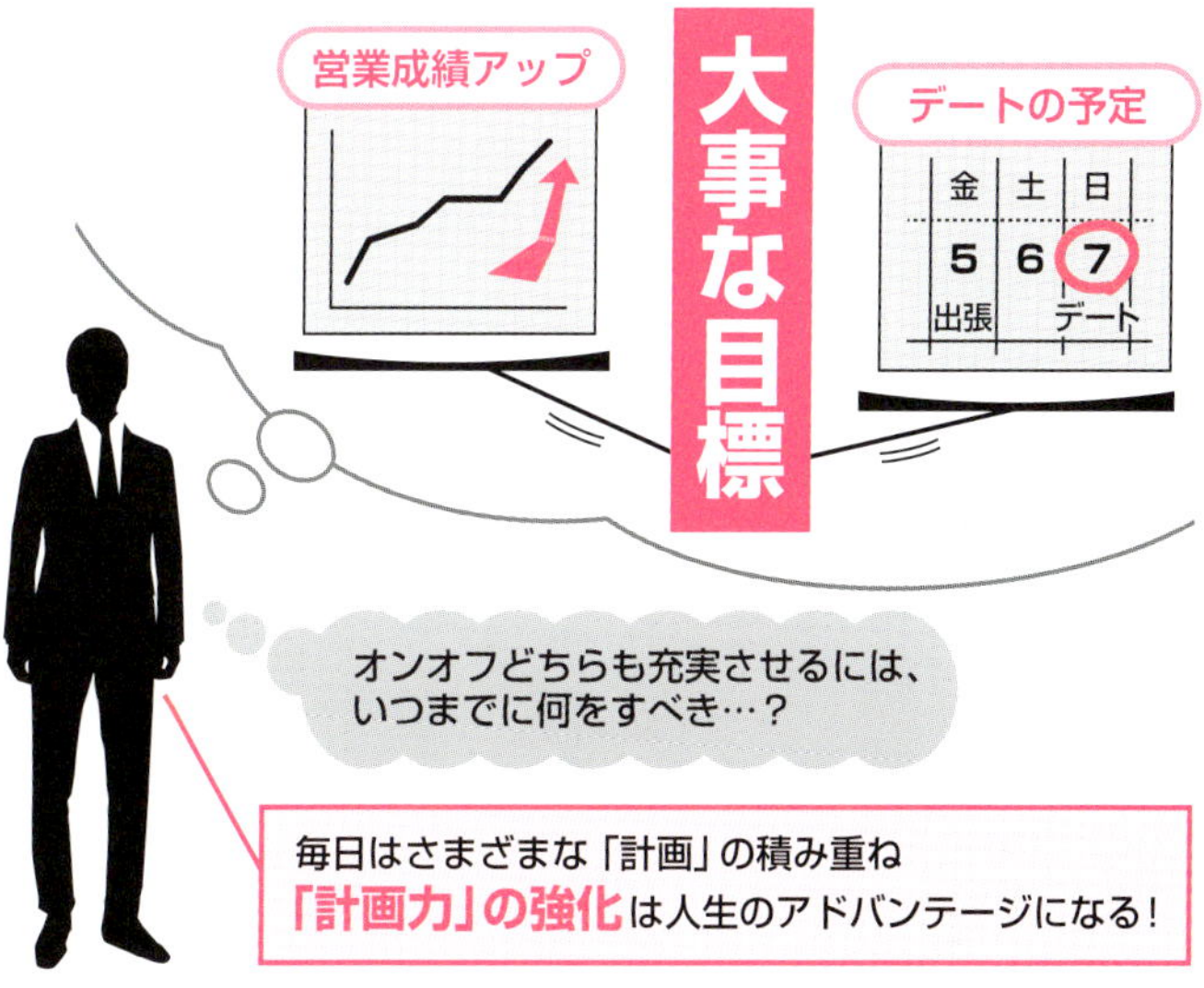
営業成績アップ
大事な目標
デートの予定
金 土 日
5 6 7
出張 デート
オンオフどちらも充実させるには、いつまでに何をすべき…？
毎日はさまざまな「計画」の積み重ね
「計画力」の強化は人生のアドバンテージになる！

ここがポイント！

「計画力」強化につながる3つのセンスを磨け

「計画力」強化の具体的な手法を学ぶ前に、計画を立てるために欠かせない「基本的なセンス」を、どの程度もっているかを考えてみよう。もし自己評価が低い人がいたら、本書に学ぶ中で、これらのセンスを磨いていってほしい。

1 のびのびとした「想像力」

計画を立てるためには、さまざまな条件・状況を想定しなくてはならない。不確定な条件や状況を「もしも」と思い描き、シミュレーションする力がなくては、精度の高い計画が立てられないからだ。

2 クールな「客観性」

人は誰しも、自分には甘い。立てた計画が、正しい道筋を示しているかをジャッジするには、冷静な客観力が必要だ。

もっとも、このセンスに関しては、忌憚のない意見を言ってくれる相手が身近にいれば、それなりにカバーできる。

3 「数」に関する鋭敏さ

計画を立てるとき、「時間」「数字」の感覚は非常に重要な要素だ。ことにビジネスにおいては、時間＝金でもあるため、どんな大きな目的・目標に対しても「いつまでに」「いくらで」という具体的な制限がなくては意味がない。

限られた時間や予算の中で、より大きな成果を上げられる計画こそが「良い計画」といってもいいだろう。

スキルアップのコツ

「岡目八目《おかめはちもく》」のツッコミでお互いを鍛える

脇で碁を見ている人は、打っている本人より八目先まで手が読める…という意味の「岡目八目」ということわざがある。

要は、第三者は当事者よりも情勢を冷静に判断できるということだ。

人の欠点には気づくが、自分の欠点はよくわからない。そんな悩みを持つ人が身近にいたら、互いに指摘しあえる関係を築いてみよう。

他者の目を通すことで、自分の長所・短所がよくわかり、改善策も見つかりやすくなるはずだ。

1. 同じ目的・テーマで計画書をつくってみよう。
2. 互いの計画書を交換し、気になる箇所を書き出してみよう。
3. 相手の疑問・指摘に対する、自分の考えを整理してみよう。
4. 改善した計画書をつくって、最初のものと比較・検証してみよう。

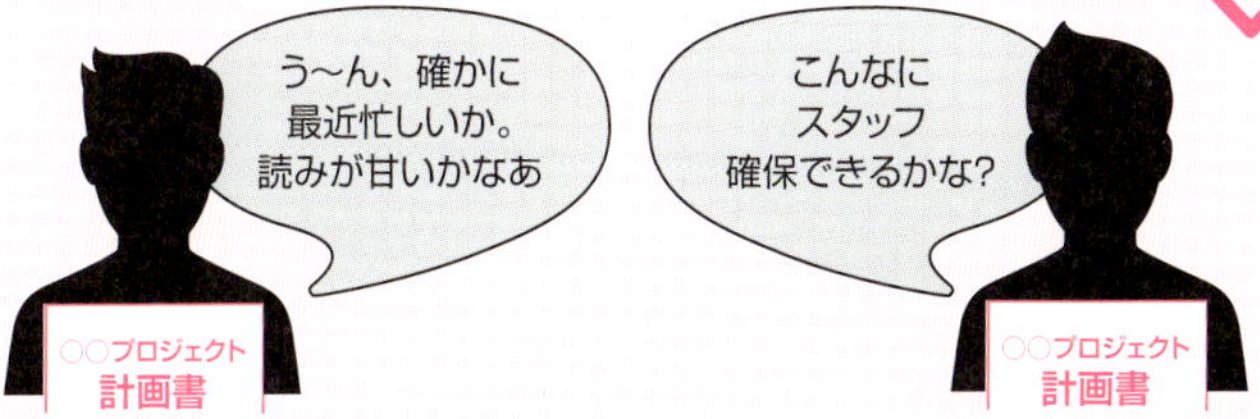
う〜ん、確かに
最近忙しいか。
読みが甘いかなあ
○○プロジェクト
計画書
こんなに
スタッフ
確保できるかな?
○○プロジェクト
計画書

②「明快な目標」なくして「優れた計画」なし

その計画は「何のため」？

根本的な話になるが、「計画」とはある目的・目標を達成するために考えるものだ。ゆえに「目標があいまいな計画」というのは無意味である。

とくに、自分一人の業務ではなく、チームで遂行するために立てる計画では、まず最初に「この計画によって、自分たちが何を成し遂げようとしているか」をはっきりと示すことが重要だ。

このあたりは、ビジネス文書作成のコツとしてよく言われる「最初に結論を述べよ」にも通じるところがある。最後まで読まないと主旨がわからない書類が敬遠されるように、何をめざせばいいかがはっきりしない計画も、また、取り組む意欲を損なうものだからだ。

当事者意識のない計画は失敗する

「優れた計画」とは、立案者自身はもちろん、遂行するチーム全員にとって取り組みがいのあるものだ。

与えられた任務をこなすだけ、傍観しているだけ、というスタッフがいると、せっかく結成したチームのモチベーションも下がってしまう。

「この計画によって達成される目標は、チームや会社にいい結果をもたらす」というポジティブなビジョンを共有し、全員が当事者意識をもって計画に関わってもらうためにも、目標は明快に打ち出すべきなのだ。

これ全部読まないといけないの？
次のキャンペーン実施概要だって

ゴール＝目的・目標が
わかっていないと人はがんばれない

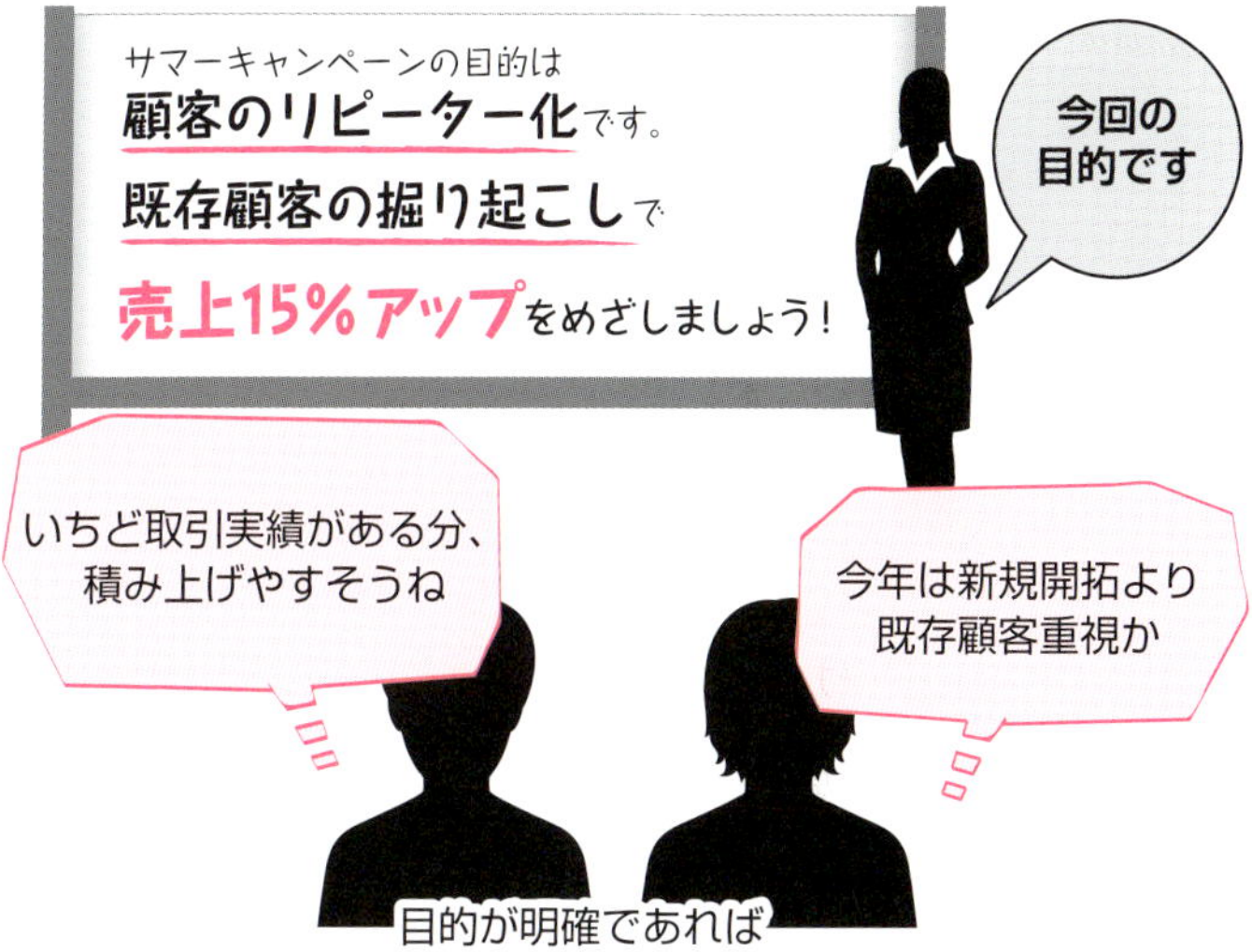
サマーキャンペーンの目的は
顧客のリピーター化です。
既存顧客の掘り起こしで
売上15％アップをめざしましょう！
今回の目的です
いちど取引実績がある分、積み上げやすそうね
今年は新規開拓より既存顧客重視か

目的が明確であれば
モチベーションもアップする

ここがポイント!

人はあてどなく歩き出すことはできない

目標・目的を明確にせずに計画をスタートするのは「あっちに行くと多分いいことがあるよ」と言うようなものだ。そんなふんわりした指示で、人が動いてくれるだろうか？

会社に言われたからなんとなく…と着手しても、きっとモチベーションもあがらないだろう。

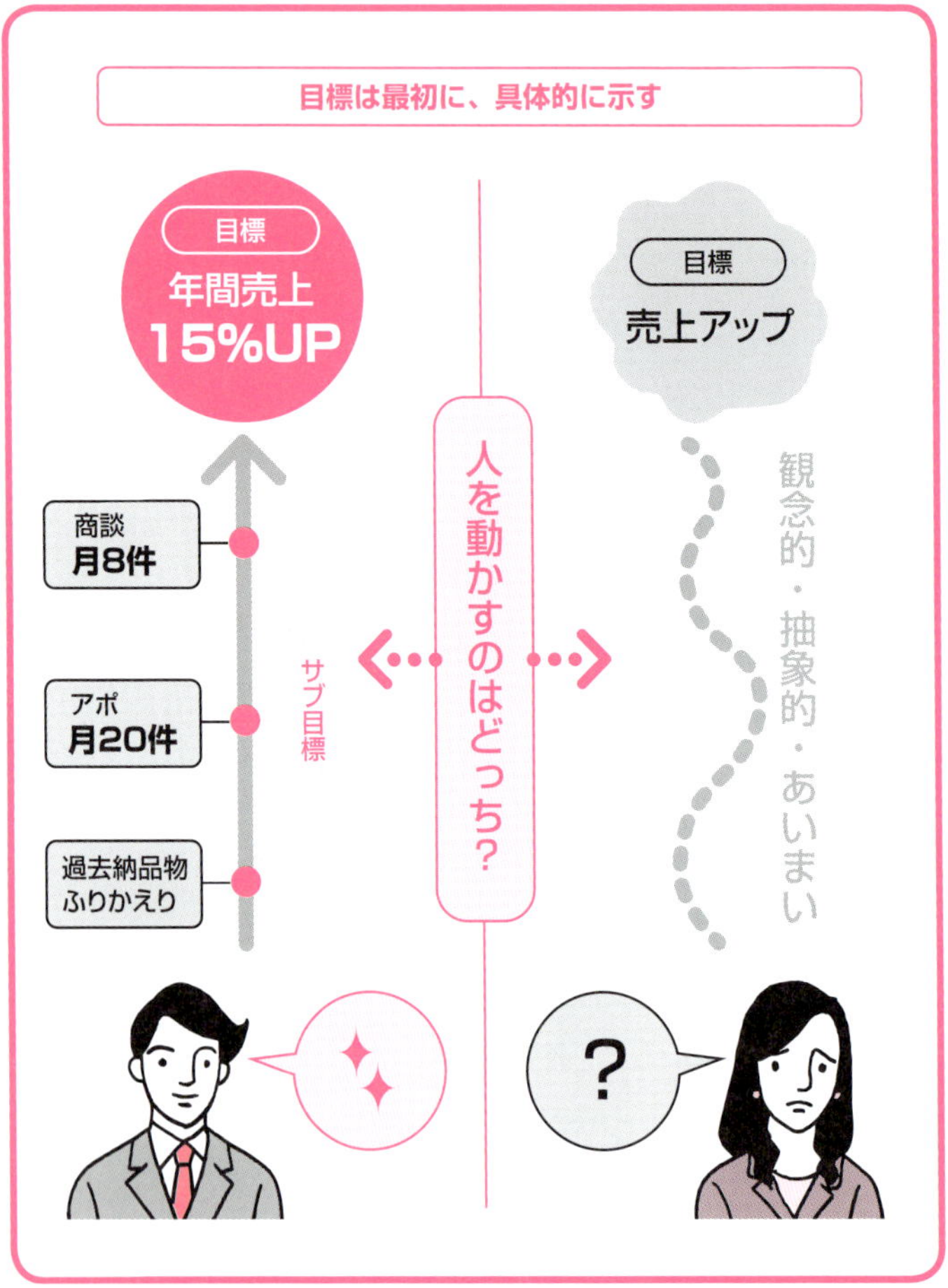

目標は最初に、具体的に示す
目標
年間売上
15%UP
商談
月8件
アポ
月20件
過去納品物
ふりかえり
サブ目標
人を動かすのはどっち？
目標
売上アップ
観念的・抽象的・あいまい
?

TIPS

スキルアップのコツ

「目標」に必ず盛り込むべき3つの要素

関わる誰もが、「目標」をしっかり理解できるように表現することも、立案者の重要な役目。

その基本となるのが、次の3つの要素だ。

① 何を（目標・テーマ）
② どのようにして（達成手段）
③ いつまでに（期限）

この3点を盛り込んだ目標を、はじめにズバリと示してチーム全員で共有した後、より詳細な手順や方法の説明へと移れば、説明もスムーズになる。

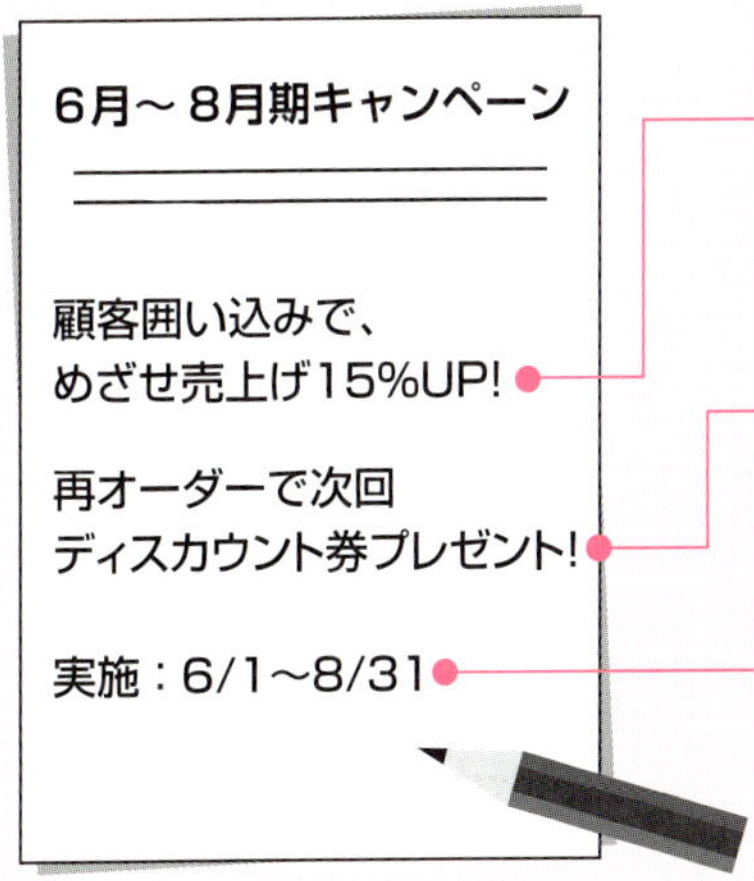
6月～8月期キャンペーン
顧客囲い込みで、
めざせ売上げ15%UP!
再オーダーで次回
ディスカウント券プレゼント!
実施：6/1～8/31

❶何を
たとえば「売上げ」「閲覧数」「お問い合わせの件数」など、具体的な目標を設定。数値目標でなくとも、その取り組みにどのような意図があるのかを明らかにしよう。

❷どのようにして
どんな手法・どんな流れで目的を達成するつもりなのか、イメージできる言葉を盛り込もう。

❸いつまでに
期日を設けずにスタートする計画は、だらだらしてしまいがち。成果の評価・検証のためにも、期日はしっかりと設定しよう。

③ ゴールまでの道筋を明らかにする

☑ 計画は、精神論では達成できない

ランナーでもない人に「ゴールは10キロ先です。頑張って完走してください」と言ったところで、いきなり走り出す人は少ないだろう。

とにかくやってみろ、できるかもしれないぞ、という精神論で押し切っていた時代と、今は違う。「そんな無茶な」といわれて棄権されるのがオチだ。

目標とすべきゴールが動かせないのであれば、あなたは相手を走る気にさせなくてはならない。そのために必要なのがゴールまでの道筋（プロセス）を明らかにすることだ。

たとえば「最初の目標は3キロ先の給水所にしましょう。その後すこし頑張ると、海岸線に出ます。とても景色のいい道ですから、きっと気分よく走れますよ…」といった具合に、ゴールへと至る道筋を段階的・具体的に示すことで、「よし、やってみよう」という意欲を刺激するのである。

☑ プロセスの明確化は、目的達成の近道

目的を達成するためのプロセス（手順や方法）を明確にすることには、多くのメリットがある。そのごく代表的なものを次に記してみよう。

①計画に関わる全員が、手順・方法を共有できる。
②計画への参加・協力方法が明らかなので、やる気がわく。
③単なる精神論・根性論ではない、現実的な計画だと認識され、計画への信頼感が高まる。

またこの逆で、手段・手順が明確になっていない時には、次のようなデメリットが生じる。

①具体的な行動に移すことができない。
②目的そのものが、無責任に設定されたものと受け取られる。
③目的が現実離れしているように感じられ、計画の信ぴょう性を疑われる。

めざすべきゴールと道筋を、関わるチーム全員が共有できれば、計画の達成は「夢」ではなく、実現可能な「現実」となるのだ。

同時に、自ら立てた計画が優れたものであるかを検証するという意味でも、プロセスの考案は重要になる。どれほど立派な目的を掲げても、実行に移すことができなければ絵に描いた餅にすぎないのだから。

ゴール
目標へ至る道筋の明確化が計画達成のカギ

ここがポイント！ ステップ表の活用

「ステップ表」とは、目的の達成方法や手順を視覚化した表である。1枚のシートに、目的と段階的な手順がまとめられているため、情報共有がしやすいうえ、進捗状況の確認もできるという便利なツールだ。

達成イメージ

- 前年受注分はすべてとり、＋αの提案をして前年受注に上乗せ
- 新規受注も取る

イラスト・グラフでもOK！

作成年月日／20　年　月　日

Story作成者／グループ名

営業部

能率太郎

達成方法・具体例	Out Put
・報告書をまとめる ・チームに回覧・アドバイスをもらう ・翌年の計画にもりこむ	
・実際にご提案 ・顧客の要望・予算などヒアリング ・改善案、見積もりを提出→受注へ	
・顧客傾向や日々の訪問で得た情報を元に提案書を作成（1社3案以上）	
・定期的に訪問、ニーズがないかチェック ・節目には上司に同行してもらう	○
・前年の受注時期を把握 ・提案時期を決めてスケジュール立て	○

実行したらチェックを入れる

留意点

気をつけるべき点
注意したい点

- 上司への報告を定期的に行い
  計画の見直しも行う
- 周囲の知恵も借りる

ステップ表

目標

個人・チームが挑戦する
具体的なテーマ

既存顧客 売上前年比 15% 増

目標達成のための
方法や手順。
ステップごとに
まとめる

STEP5	反省・情報共有
STEP4	ご提案・フォロー
STEP3	提案書作成
STEP2	あいさつまわり
STEP1	顧客動向チェック

達成手順

④ 計画には適切なレベルがある

安易な目標設定に意味はない

「最近の若者はチャレンジしない」という意見をよく耳にするが、その裏側には「失敗を恐れる若者が増えている」という世代的な傾向があるのではないだろうか。

学校や職場で若者を教育する立場の人からは「自主的に推進計画を立てよ」という課題を出すと、実力よりも低い目標を設定してくる」という嘆きも聞こえてくる。高いハードルに挑んで失敗したら嫌だから、確実にクリアできる低いハードルしか跳ばない、というわけだ。ミスをしたら取り返せないと思い込みがちなのも、いまどきの傾向かもしれない。

しかし実際には、低いハードルを越えるのに計画はいらない。計画は、現状より高い（よりよい）レベルへと到達するために立てるものなのだから、安易すぎる目標設定は無意味なのだ。

無謀な目標設定にも、意味がない

かといって「じゃあ思い切って高い目標を！」と、極端に走られても困るのが、この問題の難しいところだ。現実と乖離した計画は、単なる夢物語に終わってしまう。

安易すぎず、無謀すぎず、というバランスが「計画」には大切なのだ。

☑「頑張れば達成できる」レベルを設定する

では、具体的にはどの程度が「適切」なのか。それは「頑張れば達成できるレベル」である。

頑張るといっても、ただがむしゃらに、という意味ではない。計画にのっとって、これまでとっていなかった手順・方法で、本気でやる。その結果、これまで手が届かなかった目標を達成することができる。そういう意味だ。

想定したような成果が出なかったら、計画に問題がある。思ったよりもスムーズに達成できたなら、目標をさらに高く設定すればいい。計画の善し悪しも、「適切なレベル」が設定されていれば検証できるのだ。

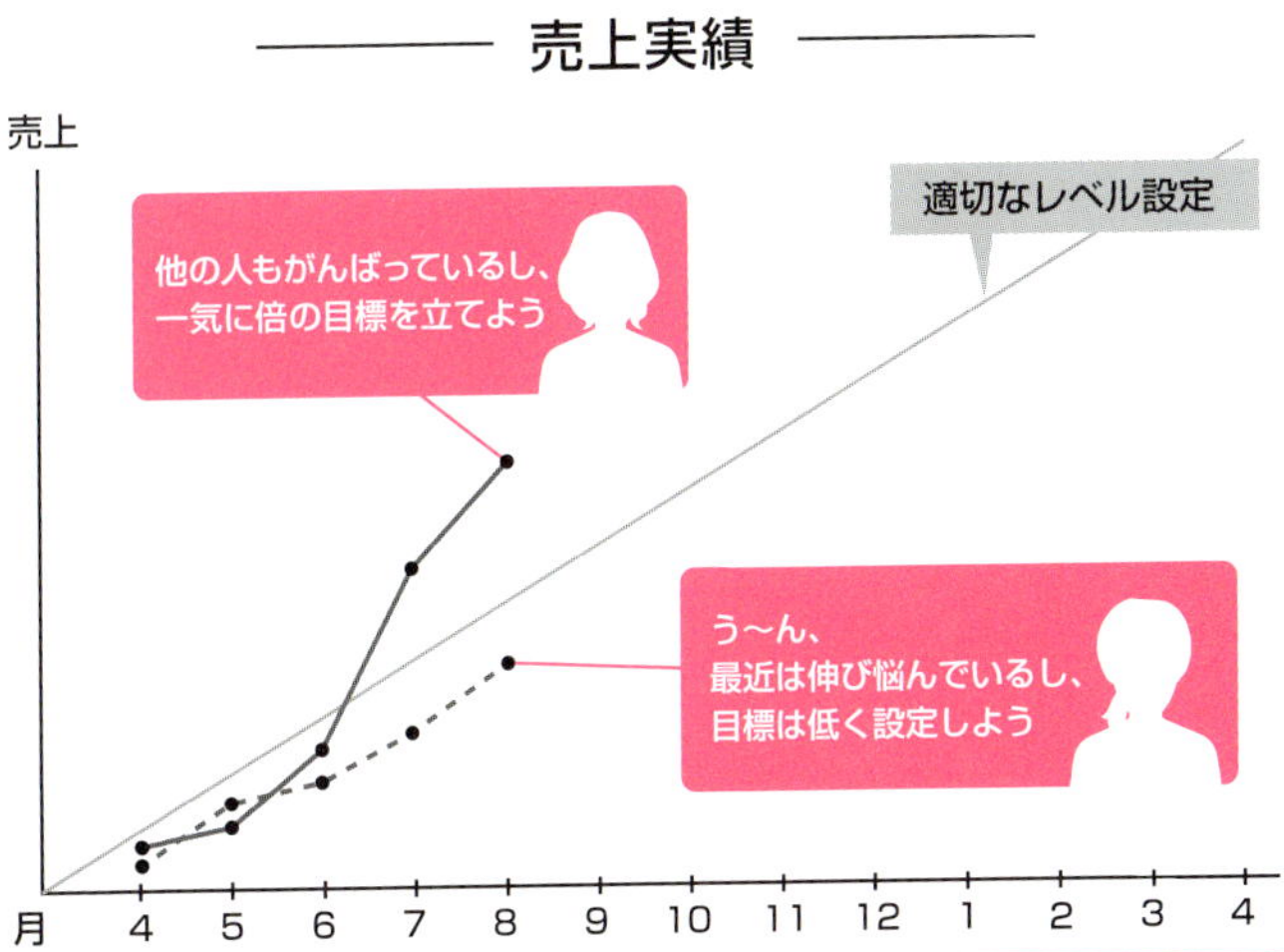
売上実績
売上
適切なレベル設定
他の人もがんばっているし、
一気に倍の目標を立てよう
う～ん、
最近は伸び悩んでいるし、
目標は低く設定しよう
月
4
5
6
7
8
9
10
11
12
1
2
3
4

「適切なレベル設定」は、計画の善し悪しの判断基準にもなる

ここがポイント!

達成感を味わうことで人はレベルアップする

努力の結果、これまで経験したことのないレベルに到達した人は、大きな達成感を覚えることだろう。

これはいうなれば「計画実行」のプロセスにおけるご褒美のようなもの。「あの達成感をまた味わいたい」という気持ちは、さらに高い目標をめざすモチベーションになる。

モチベーション維持に役立つ「中間目標」

最終的な目標へ到達するまでに、
いくつかの「中間目標」を設けると…

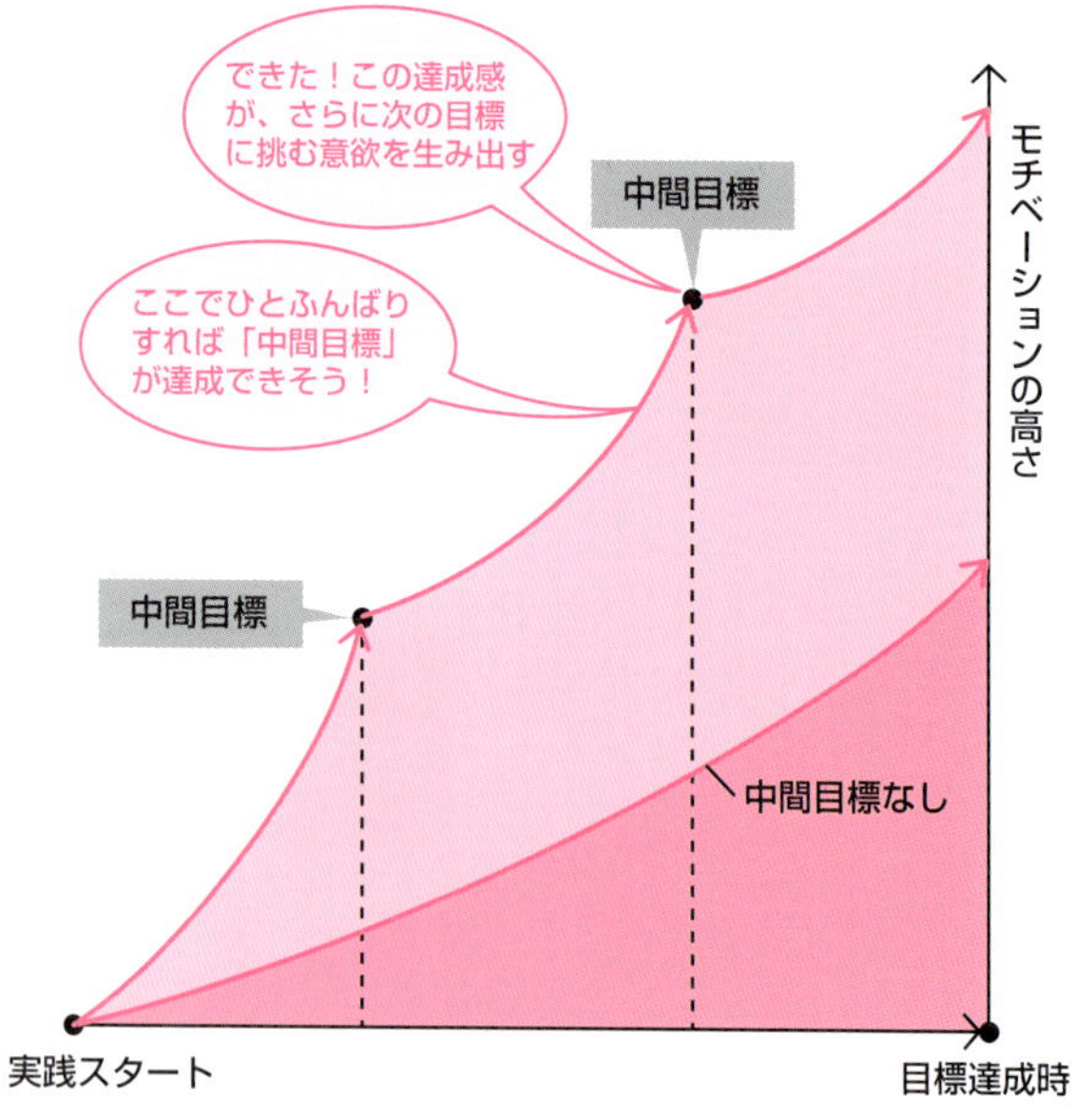

できた！この達成感が、さらに次の目標に挑む意欲を生み出す
中間目標
ここでひとふんばりすれば「中間目標」が達成できそう！
中間目標
中間目標なし
モチベーションの高さ
実践スタート
目標達成時

スキルアップのコツ

時には「有言実行」で自分を追い込む

「不言実行」を座右の銘にしている人は多いと思われるが、ビジネスにおいてそれは果たして、よい格言なのだろうか？　言わないのなら、実行できなくとも誰も気づかない。

逆の「有言実行」ならば、周囲に宣言することで、自らをやらなくてはいけない状況に追い込むことになる。

これはコーチング用語では「宣言効果」と呼ばれ、自分が思った以上の力を引き出す可能性を秘めている。

意志が弱くて悩んでいる人、頑張っているのにあと一歩が届かない人は、一度試してみる価値があるだろう。

やり遂げれば、まわりが褒めてくれるのもメリットだ。

宣言します！
僕は今年「○×技術者」の資格をとる！
頑張って！
わ〜すごい！

人は他者に思いを伝えることで、**「やらなきゃ」**という思いを強くする。

⑤ 計画は複数の案から選ぶ

選び抜かれた計画だけが成果につながる

あるプロジェクトの担当となったあなたに、上司が「新商品の発売キャンペーンの計画を立ててくれ」というオーダーを出したとしよう。

あなたは頭をひねり、知恵を絞って計画を立てる。需要分析、トレンド、発売時期、話題づくりの施策、売上げ目標などを盛り込み、これでいける！という自信作ができあがった。

しかし、あなたが意気揚々と提出した企画書に、上司はきっとこう言うのだ。

「あれ、これ一本？」と。

「こんなに練り上げた計画なのに！」と、あなたは憤慨するかもしれないが、複数案を出して検討してもらうのは、計画立案やプレゼンテーションにおける基礎の基礎だ。

どれほど緻密な計画であっても、ほかに比較すべきものがなければ、その優位性をジャッジすることは難しいし、一案しかない計画が「ＮＧ」と評価されたら、またゼロからやりなおしになってしまう。

さらに、実施前に複数案を考えておくことは、選んだ計画がうまく進まなかった場合の代替案としても有効である。労力がかかったとしても、無駄だとは思わないでほしい。

複数案を考えることで、計画は磨かれる

人は誰しも、いいアイデアが浮かぶと、他の可能性に気が回らなくなりがちだ。しかし目標を達成するためのやり方は、条件によってさまざまに考えられるのが当然である。

身近な例を挙げるなら、ネットでおなじみの「路線検索サービス」だ。出発地・目的地が同じでも、最速時間、料金、乗り換え回数、経由地などの条件に合わせ、いくつもの行き方を、あのサービスは提案してくれる。

計画を立てる時は、自分が本命だと思う案以外にもいくつかの代替案を考えてみよう。「最大売上げをめざすか？」「低予算でいくか？」。一案に固執せず、複数案を考えることで、計画はさらに磨かれていくのだ。

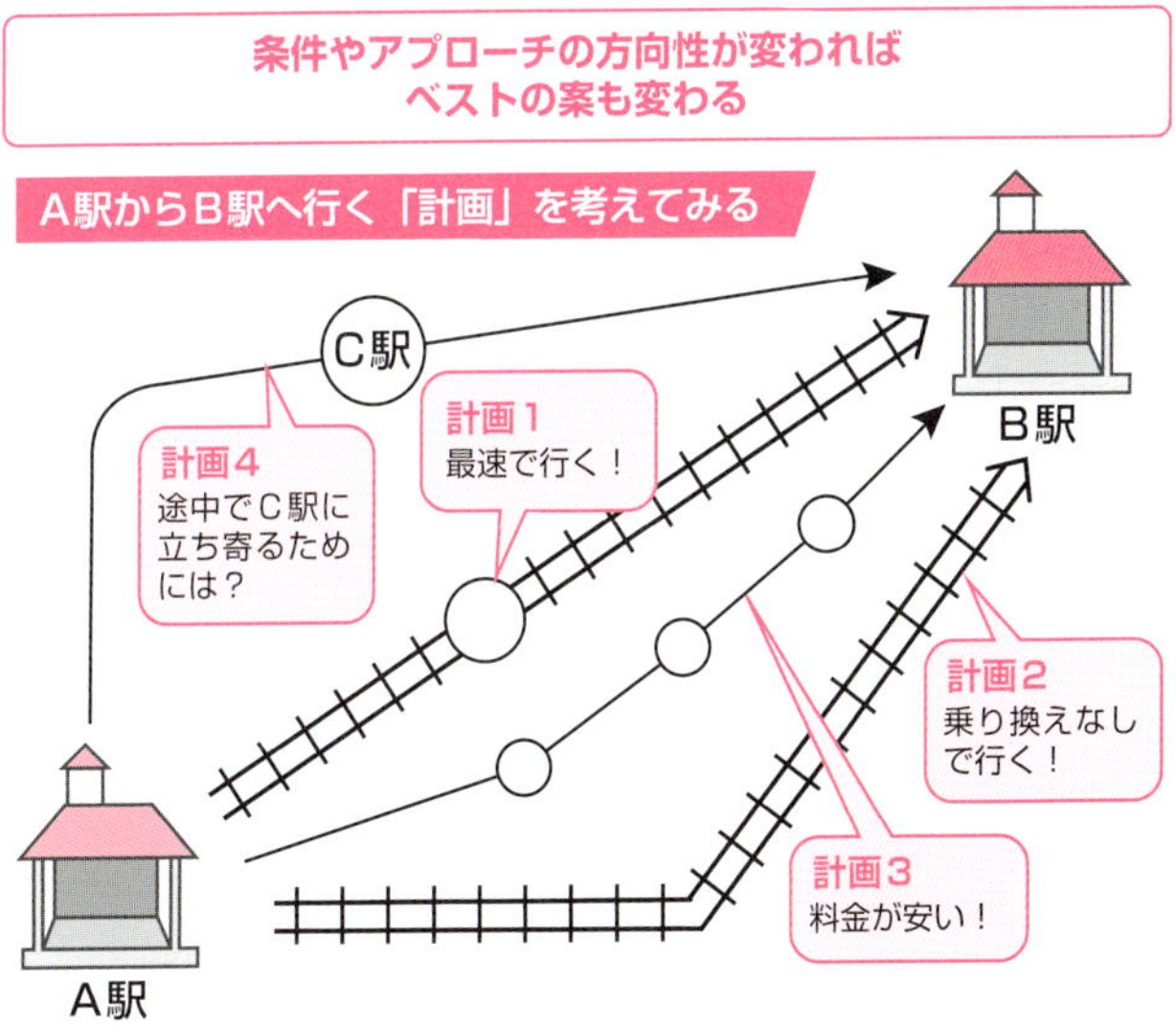
条件やアプローチの方向性が変われば
ベストの案も変わる
A駅からB駅へ行く「計画」を考えてみる
C駅
計画1
最速で行く！
計画4
途中でC駅に立ち寄るためには？
B駅
計画2
乗り換えなしで行く！
計画3
料金が安い！
A駅

ここがポイント!

検討・選択の工程がよりよい「計画」をつくる

いくつもの計画案を立てるのは、めんどうと思うかもしれない。

しかし、複数案を考えることには、立案者・決定者・実行者のいずれにとっても、以下のように多くのメリットがある。複数案を立てる必要性をここで知ろう。

立案者にとっては第三者の視点が加わって、計画の精度が高まる

さまざまな案を考えてみたとはいえ、自分だけの視点では発想がかたよっているかもしれない。

複数案を比較し、検討・選択する過程の中で、第三者の視点が加わり、より優れた計画へとブラッシュアップすることができる。

決定者にとっては「自ら選択した」という満足感と責任感が得られる

ひとつきりのアイデアを押しつけられたのではなく、自分の意志でベストの案を選んだ、という満足感・責任感が湧く。

時には本命以外の案に決まってしまうこともあるだろうが、その場合は「なぜその案がよかったのか」をしっかり確認し、次回の立案にいかそう。

実行者にとっては計画推進へのモチベーションが高まる

モチベーションアップのキーワードに「自己決定」という言葉がある。

押しつけられた計画より、自ら選んだ計画のほうが、その推進にもやる気が生じるのだ。

スキルアップのコツ

複数の計画案を生む3つの視点

複数の案をつくるとしても、まったくの新たな案というのはなかなかひねり出せないものだ。ベースになる提案に対して、異なる視点・要素を加えて考えることで、別の案をつくってみよう。

①さまざまな要素を組み合わせてみる

それまで自分たちが持っていなかった要素（方法・技術・知識など）を加えることで、目標をクリアできないか考える。

3つの視点が発想の幅を広げてくれる

②逆の視点から見る

TVで紹介された温泉を「風情がある。行ってみたい」と見る人も「不便そうだし行きたくない」と見る人もいる。

立てた計画のメリット・デメリットが、逆から見るとどうなのかを検討してみる。

③物事を反対にしてみる

「強度を高めると重くなる部品」は「壊れても予備がある部品」で代替すればいいのでは？

見方を逆にするのではなく、より物理的に「反対のパターン」ではいけないのかを考えてみる。

⑥ 計画には論理性がなくてはならない

優れた計画には「ロジック」がある

ビジネスパーソンにはおなじみの「論理的」や「ロジカル」という言葉。

これは「筋道が立っている、理にかなっている」という意味で、要は「展開に無理や破綻がない」ということだ。

計画を立てる上でも、論理は必要不可欠だ。本書18～21ページでは、目標達成のためにはプロセス（手順・方法）が大切として、ステップ表の作成・活用を勧めている。

しかし、目標達成に向かって積み上げたはずのステップの途中に、無茶な飛躍や、首を傾げるような落とし穴があるようでは、優れた計画とはいえない。

この計画にのっとって、ステップを着実にのぼっていけば、目標が達成できる。そう、誰もが理解・納得できるのが、「実現可能な、ロジカルな計画」なのである。

異なる立場からチェックする

立案者からすれば、実に論理的な計画ができた。決定権を持つ上司もＯＫを出した。

しかし、いざ実施となったら思い通りの成果が上がらない…というのは、よくある話だ。

これはたとえば、立案者や上司といったプロジェクトリーダーと、現場スタッフの間に認識の乖離がある時によく見られる事態だが、こんな時、計画を修正する最も簡潔な方法は「計画を、関わる全員でチェックする」というやり方だ。

ビッグプロジェクトだから全員参加は無理、という場合でも、異なる立場ごとに数人ずつ代表者を出し、率直に意見を交換することが必要だろう。

方針・目標を考える立場の者が「のぼれるだろう」と思うステップと、現場のスタッフが身をもって知っている「のぼれるステップ」の高さは違うかもしれない。

そのギャップをすり合わせ、頑張ればのぼれるステップへと再構築する作業を怠っては、せっかくの計画も絵に描いた餅になる。

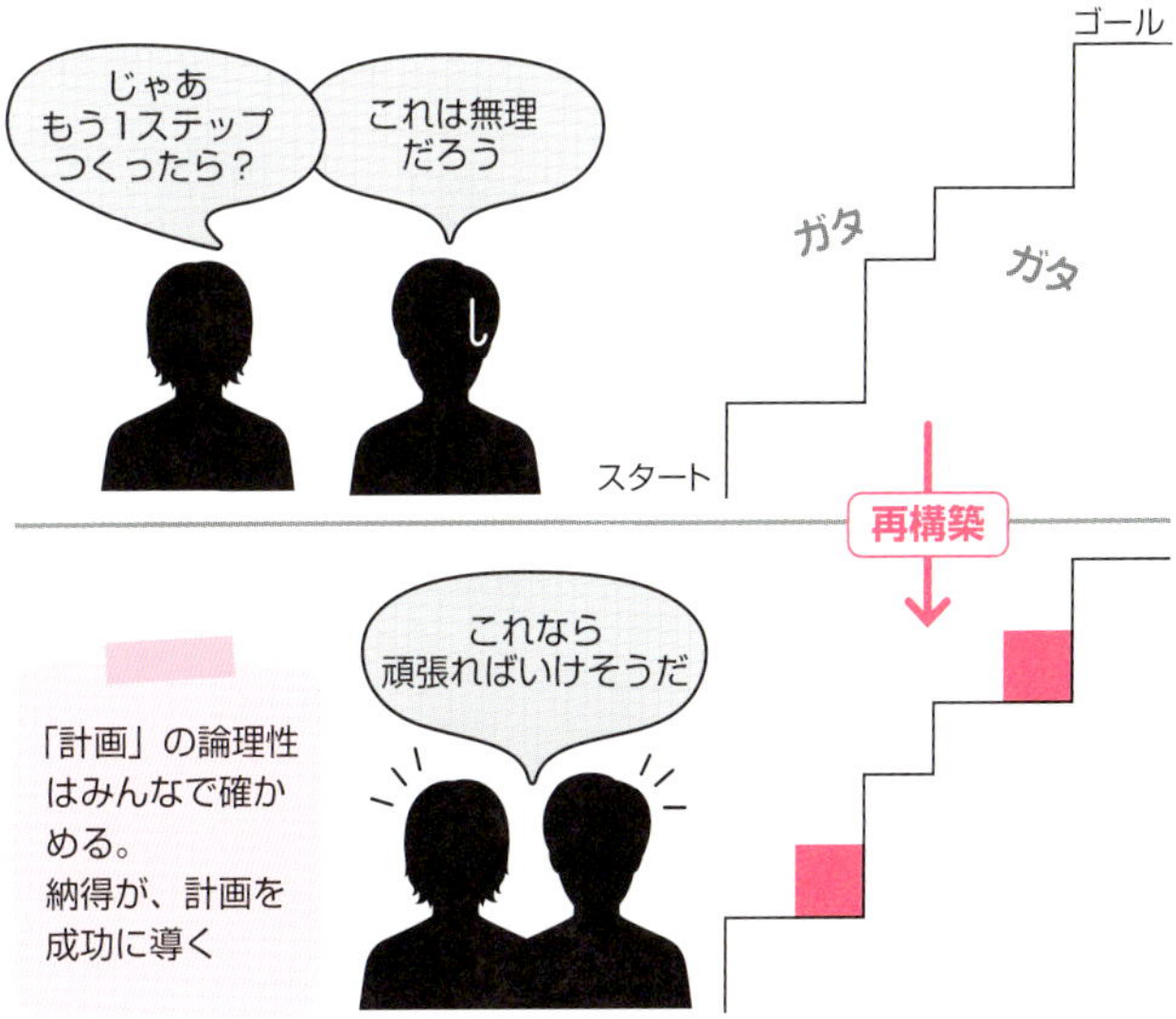
じゃあ
もう1ステップ
つくったら？
これは無理
だろう
ゴール
ガタ
ガタ
スタート
再構築
これなら
頑張ればいけそうだ
「計画」の論理性
はみんなで確か
める。
納得が、計画を
成功に導く

ここが
ポイント!

ここだけはぶれない「論理の軸」をつくれ

42～45ページで詳しく述べるが、計画を実行していくうえで、手段や方法を変えなくてはいけない状況はままある。それでもぶれさせてはいけないのが、その計画の「論理」。ここに筋が通っていない計画は、必ず失敗する。以下の図表で、論理的裏づけの重要性を学ぼう。

目標と計画には論理的裏付けが必要

■計画をスタートした動機

・社員をスキルアップさせたい
・売上げ10億円を達成したい
・創立20周年までに実現したい

■目標達成に向けた施策

・社員の資格取得を支援し、年末の試験で合格率80%をめざす

■目標

（いつまでに）創立20周年までに
（どうやって）業界トップの技術力を持つ
（どうなる）「価値あるサービス」を提供できる企業になる！

論理的裏付け

これまでの合格率は65%

会社が学びを支援し、社員が意欲を持って取り組めば、80%は実現可能なレベル

資格取得者は、サービス料金を1.2倍に設定できるため、確実な売上げ増（10億円突破）が見込める

TIPS

スキルアップのコツ

「ＢＳ法」を応用し、計画に対する意見を集める

31ページで書いたように、関わる人を集めて計画をチェックする際に有効なのが「ブレインストーミング法（ブレスト）」だ。本来は「発想を引き出す」ことを目的に開発された手法だが、より多くの視点から見て、忌憚のない意見を出してほしいという場合にも活用できる。

立場や役割、年齢・性別等が異なる人々を大部屋に集めて議論しても、権力のある人、声の大きな人の発言ばかりが目立つことになる。

こんな時、立場等をシャッフルした小グループで、率直なディスカッションを繰り広げるブレストなら、より多くの意見を集めることができるのだ。

ブレストの4つのルール

- 発言発案のすべてに、良い悪いの批判をしてはならない
- アイデア・発想は自由奔放にする
- 発言・アイデアは、質よりも量を求める
- 他のアイデアをヒントにした、改善・便乗もＯＫ

⑦「心」と「環境」を整えて、計画を成功に導く

「アメとムチ」が使いにくい時代

人に意欲的に働いてもらうためには、ちょっと前なら「恩賞必罰」というわかりやすい方法があった。

良い働きをした者には、評価や報酬で報い、働きの悪い者は評価を下げる。いわば「アメとムチ」という考え方だ。

しかし最近では、このやり方はあまり功を奏しなくなっているようだ。

若者世代がおとなしく、あまりガツガツしていないせいもあるだろうし、圧力をかけすぎるとパワハラと見なされるかもしれない不安もある。

行動は心と環境に左右される

どれほど緻密な計画を立てても、やる気のないチームでは目標達成は難しい。そして、計画を立て、推し進めていくためには、多くの人々が関わってくる。

彼らがみな前向きに計画に取り組んでくれるよう、立案者は「やる気を引き出す工夫」を考えなくてはいけないが、前述したようにアメやムチでは人は動かない。では、どうすればよいのか？

そのキーワードは「環境」と「心」だ。心地よく働ける環境をつくり、やる気を刺激するには、次のような条件が必要になる。

●やる気を引き出す条件とは？

仕事のおもしろさ・意義の実感
達成感
昇格・昇進
心的条件
周囲の承認・高評価
責任・権限
やる気～
会社が個々を尊重
環境的条件
良好な人間関係
適切な給与・待遇
快適な作業環境
適切な指導・監督

ここがポイント! 「自己」にまつわる3つのキーワード

計画の実施にあたって、最も重要かつ不確定な要素は「人」だ。メンバーが意欲的に参画してくれずには、目標達成はない。「これは自分の仕事だ」という意識を、人に抱いてもらうための3つのキーワードを、以下に紹介しよう。

1

「自己決定」

人間は、「ひとに押しつけられたこと」よりも、「自分が選んだこと」「自分の意見が反映されていること」に、前向きに取り組む傾向がある。

計画に関わる者みんなが「当事者」だと実感している計画は、きっとうまくいく。

2

「自己有能感」

「やってみよう」というだけでなく「やったらできた!」という達成感はとても大きい。自分はやればできる有能な人間だ、という自信は、人のモチベーションをさらに高め、成長の原動力になる。

3

「自己承認欲求」

人間には「他者に認められたい」という本能がある。

その人が実行したこと、上げた実績を認め、ほめることで、モチベーションはさらに高まる。

スキルアップのコツ TIPS

計画を巡る「さまざまな人」との、つきあいかた

1つの計画が動き出す時、その周辺には多くの「関係者」が存在する。

計画に直接関わる人はもちろんだが、見ているだけの人、何の関心も持っていない人、ひょっとしたら悪意をもって見つめている人も、いるかもしれない。

直接的な関係者ではなくとも、計画に影響を与えるかもしれない人々の影響力は、意外に無視できない。

ネガティブな感情をもった存在に気づいたら、さりげなく声をかけて相談にのってもらうなどして、できるだけポジティブな方向へと誘導する根回しも必要だ。下記の表を参考に、「協力者」を増やせるように努めてみよう。

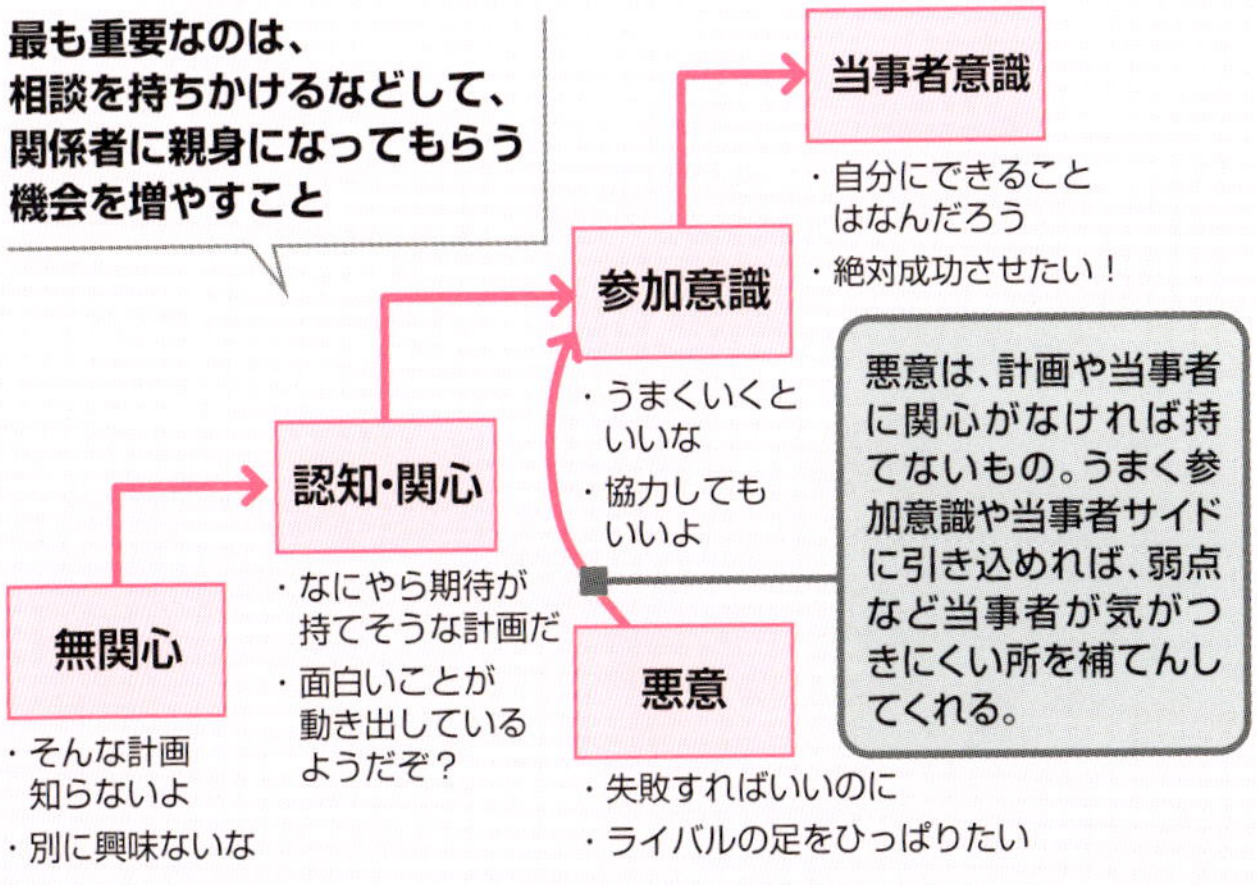
最も重要なのは、相談を持ちかけるなどして、関係者に親身になってもらう機会を増やすこと
当事者意識
・自分にできることはなんだろう
・絶対成功させたい！
参加意識
・うまくいくといいな
・協力してもいいよ
認知・関心
・なにやら期待が持てそうな計画だ
・面白いことが動き出しているようだぞ？
無関心
・そんな計画知らないよ
・別に興味ないな
悪意
・失敗すればいいのに
・ライバルの足をひっぱりたい
悪意は、計画や当事者に関心がなければ持てないもの。うまく参加意識や当事者サイドに引き込めれば、弱点など当事者が気がつきにくい所を補てんしてくれる。

⑧ 計画にはリスクがつきもの

トラブルは「起きて当たり前」という発想

まだ生々しく記憶に残る東日本大震災の後、私たちは「想定外だった」という言葉をたくさん聞いた。

あの言葉には、当初の計画では考えられないような事態だった（だから、こんな事故が起きたのもしかたがないでしょう？）というニュアンスが含まれていたように思う。

これに対し、海外のニュースは「なぜトラブルが起きることを前提につくられていなかったのか。対処法が事前に考えられていないのか」という論調が主流だった。

未曾有の災害には同情しても、発生前の対策の甘さ・発生後の対応のまずさについては、厳しい目を向けられたのである。

リスク要因を「内・外」で分ける

これほど大規模な話でなくとも、計画を考える際には、ある程度のリスクを事前に想定しておかなくてはならない。どんなに緻密な計画であっても、物事が想定どおりに進むことなどめったにないのだから。

では、事前にリスクを洗い出すには、どんな見つけ方があるだろう？

最もスタンダードなのは「内部要因・外部要因」で分類する方法だ。

●計画を阻む「リスク」を予想せよ！

想定されるリスク① 内部要因

組織要因

トップ交替、組織機構変化、人員構成変更、人事制度改定、部門の統廃合、海外進出・撤退、合併、人材流動　など

ビジョン要因

経営ビジョン・価値観の変化、評価基準見直し、経営手法の変更　など

業務要因

売上の増加・減少、新技術の開発、開発促進・遅れ、資金増加・減少など

想定されるリスク② 外部要因

政治的要因

法律・条令の改訂・制定、規制緩和、戦争、国際紛争　など

経済的要因

不況・好況、為替レート変化、株価変動、材料コスト増減

社会的要因

消費者運動、流行、ニーズの多様化、環境問題、伝染病など

技術的要因

新技術の登場、新ソフトウェアの開発、新素材の登場、モデル変更

ここがポイント!

対応が必要なリスクを絞り込む

　前ページを参考に、リスクを洗い出したところ、数え切れないほどの危険性が挙がった。これらすべてに対応できる計画など、とても立てられない。
　そんな時は、そのリスクが「起こる確率」「発生した時の影響度」によって分類してみるとよい。

危険管理マトリックスで考えてみよう

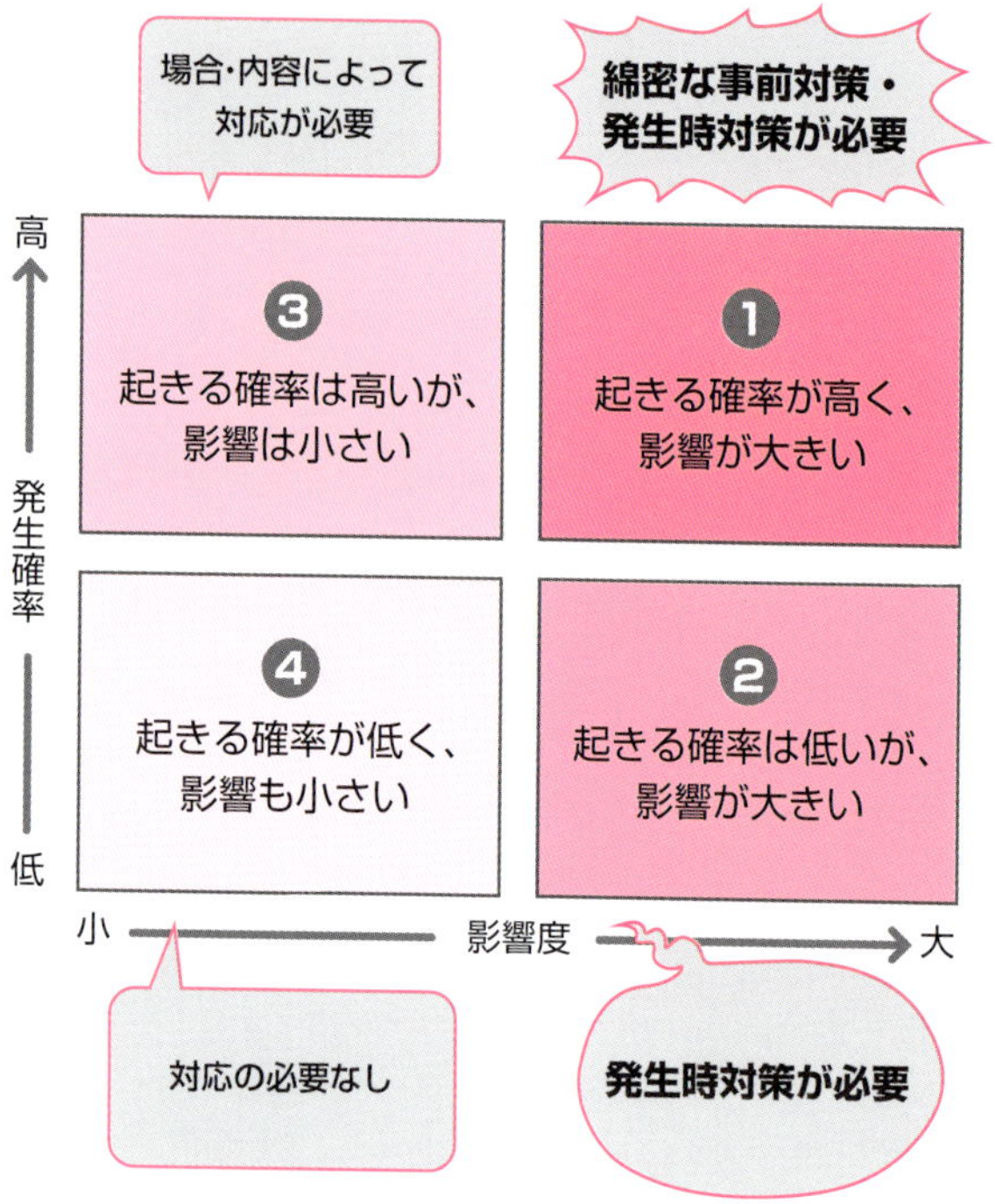
場合・内容によって対応が必要
綿密な事前対策・発生時対策が必要
高
発生確率
低
❸ 起きる確率は高いが、影響は小さい
❶ 起きる確率が高く、影響が大きい
❹ 起きる確率が低く、影響も小さい
❷ 起きる確率は低いが、影響が大きい
小
影響度
大
対応の必要なし
発生時対策が必要

事前対策……危機が発生しないよう、あらかじめ手を打っておくもの
発生時対策…リスクが実際に発生した時、影響を軽減させるために講じるもの

TIPS

スキルアップのコツ

ネット時代の企業危機「ソーシャルリスク」を知る

軽視できない「ネット」の影響力

日本国民の80％超が、なんらかの形でインターネットを利用している時代。ソーシャルメディア上に溢れる評価や風聞が、企業価値に悪影響を及ぼすことを「ソーシャルリスク」という。

評判がよいなら大歓迎だし、実際それを利用して業績を伸ばしている企業もある。しかし、えてして悪評のほうが伝播しやすく、ひとたび広まると火消しが不可能に近いのが、インターネットの怖いところだ。

自社が「ソーシャルリスク」に対し、どんな認識を持ち、万一発生した際に、どのように対応する心づもりでいるのかは、ぜひ把握しておきたい。

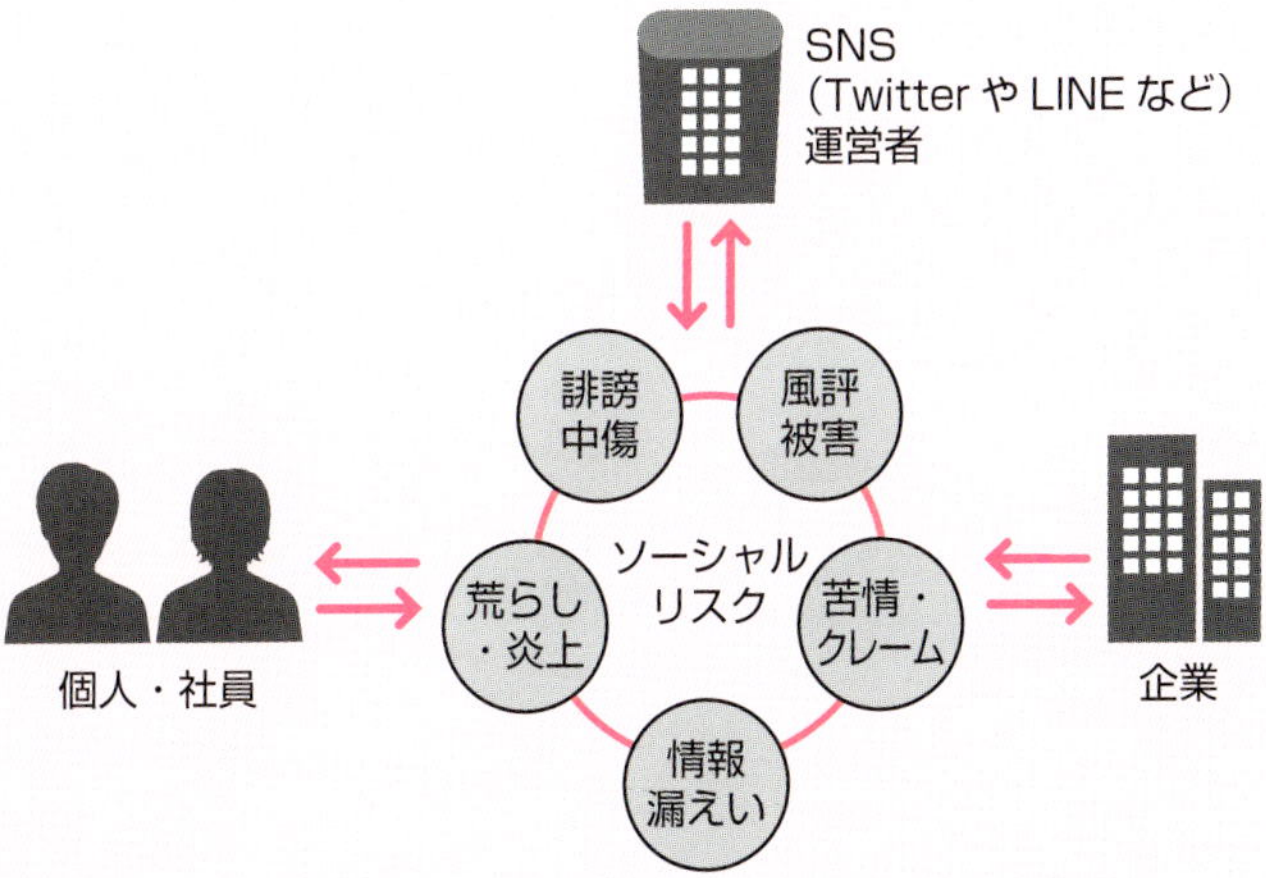
SNS
（Twitter や LINE など）
運営者
誹謗中傷
風評被害
ソーシャルリスク
荒らし・炎上
苦情・クレーム
情報漏えい
個人・社員
企業

⑨ 計画は状況に応じて変化していい

☑ 状況が変われば、修正が必要

せっかく決めたことだ。目的達成まで、計画どおりに進めなくてはならない、と思い込むタイプはかなり多い。

しかし実際には、計画というのは、立案した時点でのさまざまな状況・条件に基づくものだから、状況が変わってしまったなら、当然、軌道修正が必要になる。

たとえばあるショップは、残暑の厳しい9月いっぱいまで、夏物を売る予定だった。しかし突然の冷え込みで、9月中にも長袖の服を求める客が増えそうだ。なのに売り場には夏服しかない。

すぐにでも対応が必要な事態だが、こんな時あなたなら、次の対応策の中からどれを選択するだろう？

1 計画どおり夏物を売り続ける

2 商機を逃さぬよう、一気に秋冬物に切り替える

3 暑さが戻ってきた時のために、売り場の半分を秋冬物にあてる

「客のニーズに応えられない」という点で、①「計画どおり夏物を売り続ける」は論外だ。
②「商機を逃さぬよう、一気に秋冬物に切り替える」は、短期的には売れるだろうが、また残暑が戻ってきたら困る。夏物の在庫を抱え込むことになるという点も問題だ。
「夏物を売り切りたい」と「客のニーズに応える」が両立できる可能性があるのは…と考えると、③「暑さが戻ってきた時のために、売り場の半分を秋冬物にあてる」が当面ベストの選択となるのはご理解いただけるだろう。

目的と手段を取り違えない

どんなショップであっても、最終目標は「売上げ・利益の確保」だ。

「9月の夏物売り尽くし」は、そのための手段のひとつなのだから、状況の変化に応じて内容を変更しても、最終的な目標はぶれない。むしろここで臨機応変に対応することができれば、年間売上げ目標を達成する大きなチャンスになるかもしれないのだ。

目的と手段を取り違えることなく、状況の変化に柔軟に対応する力は、大きな成果につながる可能性を秘めている。

ただし、こうした「突発的な変更」を考える際のシミュレーションは、あまり複雑・大がかりにしないほうがいい。判断の根拠が誰にでもはっきりわかる対応のほうが、効果検証や、再度の軌道修正がスムーズになるからだ。

ここがポイント!

「状況」とは何かを改めて考えてみる

「状況の変化に柔軟に対応する」。よく見聞きする言い回しだが、さて「状況」とはどういう意味だろうか？　辞書によると「移り変わる物事の、その時々のありさま」となるが、これもまたぼんやりとした解説だ。本書にも頻出する「状況」の意味を、改めて確認してみよう。

「状況」の三重構造

Aゾーン：もっとも身近な状況

体感・五感を通して、直接確かめられる領域

「今日は暑い」

Bゾーン：間接的な情報によって頭の中につくられる状況

「隣町で停電が起きたらしい」

Cゾーン：A・Bゾーンの状況を元に想像できる状況

「今日は暑いから、エアコンが使えない人はつらいだろうな」

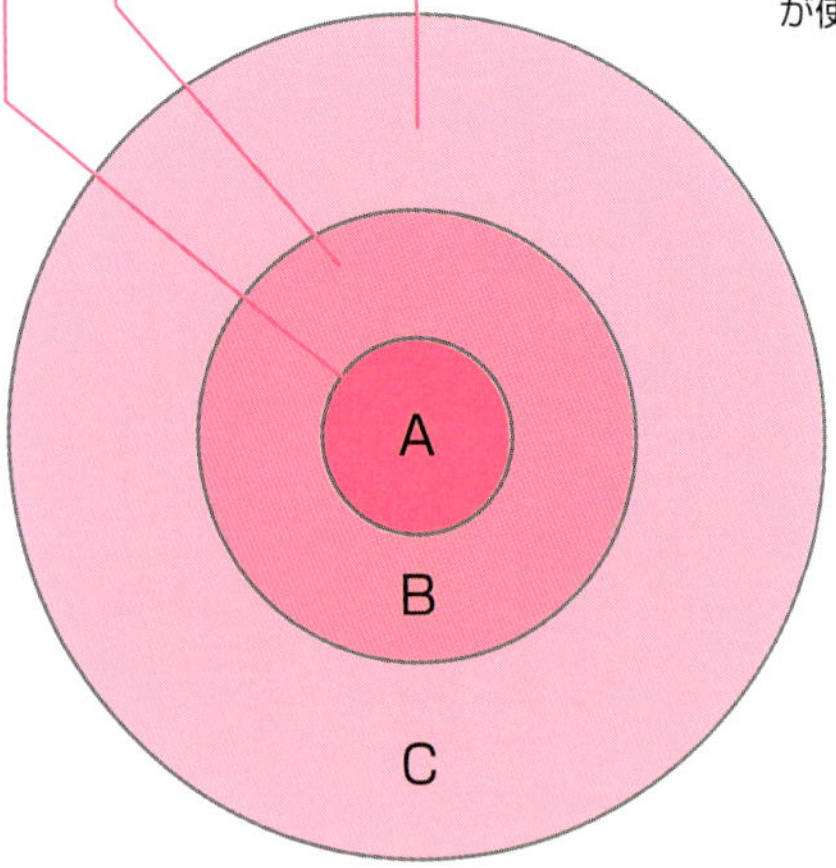

「状況の三重構造」を、42ページの件を例に分析すると、下記のようになる。

Aゾーンの「物理的に感じられる状況」に、Bゾーンの「間接的情報」が加わり、Cゾーンの状況を想像したことで、「売り場を変更する」という柔軟な対応が可能になるのだ。

①計画の前提となった状況

「例年9月は残暑が厳しいから、夏物を売り切ろう」

②状況の変化・第1段階

急に冷え込んできた！

「肌寒いなあ」

……Aゾーン

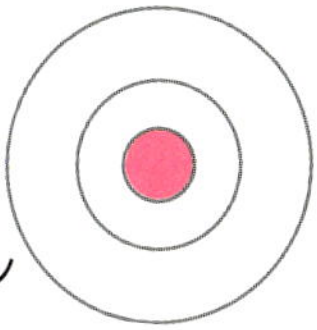
Aゾーン

③状況の変化・第2段階

天気予報「寒さは来週まで続きそう。

あたたかい格好でお出かけください」

……Bゾーン

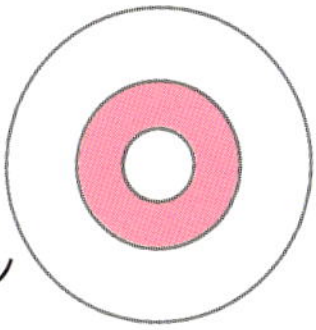
Bゾーン

④状況の変化・第3段階

「お客様は長袖の服をほしがるだろうな。

夏服ばかりの今の売り場じゃ対応できないかも…」

……Cゾーン

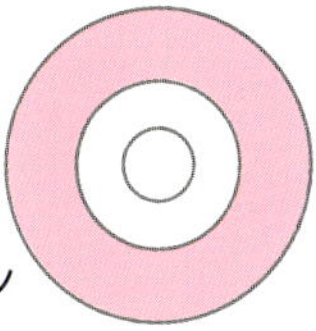
Cゾーン

「よし、商品を半分入れ替えてみよう！」

②〜④の状況の変化に対応した軌道修正

⑩ 計画達成の必須条件は「全員参加・目標共有・自力実行」

全員が、納得して参加すること

繰り返しになるが、計画を達成するには、そこに関わるすべての人間が「これは自分のミッションだ」という意識を持たなくてはいけない。

「上から押しつけられた課題」といった意識ではいけない。自らの意志で「この計画は、自分や会社にいい成果をもたらす」「自分が成しとげるべき仕事なのだ」と理解し、参加すると決めることが重要なのだ。

各自が「この計画の中で、自分がすべきこととは何か。その努力に、どんな意味があるか」を自覚して行動してこそ、目標は達成できる。

目標は明確に、全員で共有すること

「この計画がめざすものは何か」。そして「どんな方法で推進するのか」については、誰もが見られる形で示されていなくてはいけない。

壁に貼りだす、社内イントラを用いて情報・状況を発信するなど、共有する方法は自由だが、はっきりと目的を理解しながら日々実践することで、モチベーションの維持・向上に大いに役立つ。

途中、中だるみしそうな時期やポイントに「中間目標」を設定するのも効果的だ。これについても全員でしっかり共有したい。

自力実行の覚悟で挑むこと

計画を立案し、推進するチームには、当然、舵取り役となるリーダーがいるだろう。しかし、目標を達成するのは、そのリーダーのためではない。

会社、チーム、そして参加した一人ひとりに、よい成果をもたらすと信じるからこそ、計画は生まれ、スタートする。

参加する一人ひとりが「自分がやるんだ」という自覚をもって力を尽くすことで、会社やチームは活性化し、強くなる。

その結果として手に入れた「計画を実行する力」と「目標達成」の喜びは、売上げや評価を超えた、大きな財産になるはずだ。チーム全員が成長できる計画推進を工夫したい。

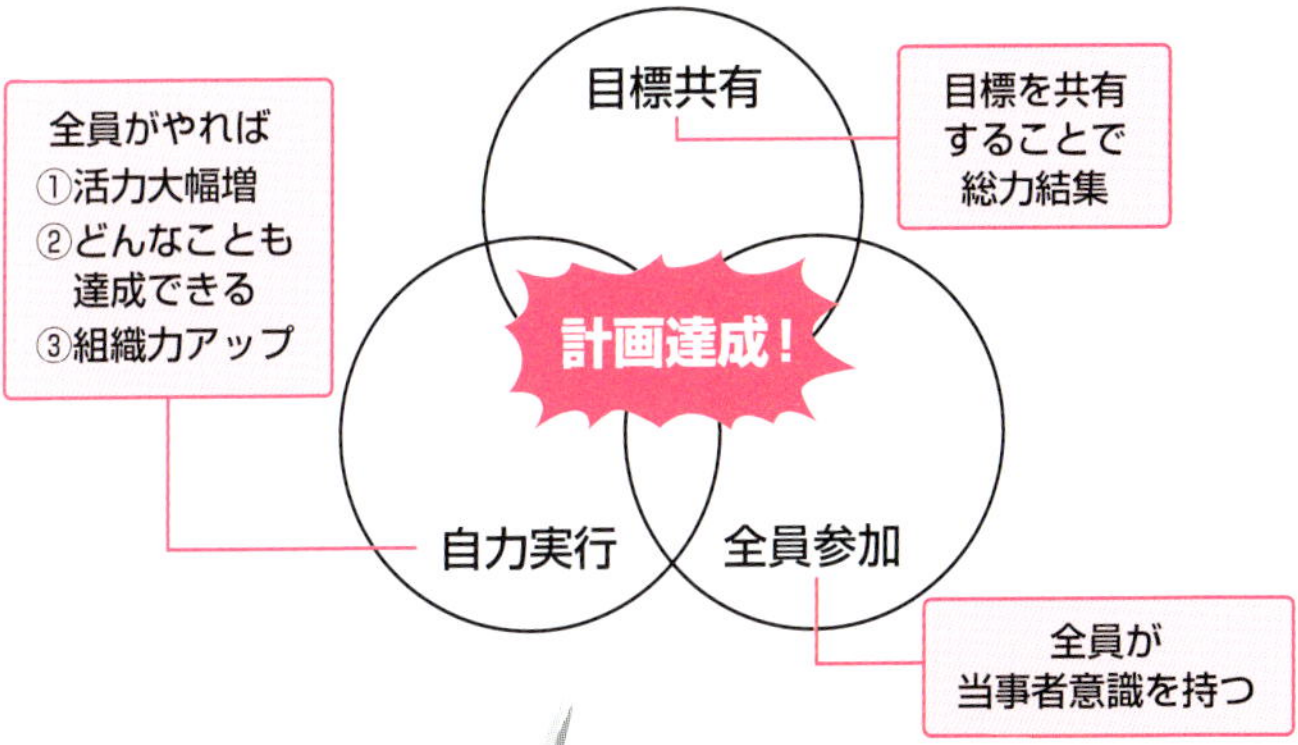
目標共有
目標を共有することで総力結集
全員がやれば
①活力大幅増
②どんなことも達成できる
③組織力アップ
計画達成！
自力実行
全員参加
全員が当事者意識を持つ

計画を立て、やり遂げる力は大きな財産になる！

Column

リーダーたちはなぜ
歴史小説が好きか？

各界のトップや政治家などに愛読書を訊く、という企画は、ビジネス系雑誌の人気のネタだが、中でも多くの支持を集めるのが「歴史小説」である（時代小説ではない）。

その理由はおそらく「歴史小説」が基本的に「群像劇」だからではないだろうか。

主人公は一人でも、その周辺には個性豊かなキャラクターが無数に存在し、それぞれの思惑やポリシーに則って躍動している。舞台となるのは大抵、激動の時代だから、個人の意志ではどうにもならないことも多々起きる。

勝者を描いても、敗者を描いても、ダイナミックな時代の流れを、才覚や戦略でどう乗りきるのか（はたまた飲み込まれてしまうのか）が、歴史小説のテーマであることが多い。

時代の流れの中で、集団や個人が何を想い、いかに行動し、どう生きたのかを知るのに、面白い歴史小説というのは格好のテキストであり、やはり、リーダーになる人物は「人間を見る・知る」のが好きなのだと思わせる。

あなたが今後、さらなる成長を望むのなら、読書ジャンルにぜひ「歴史小説」を加えておこう。目上の人との会話の端緒としても、使えること請け合いである。

第2章

うまくいく計画のしくみのつくり方

① 目標を達成できる「計画立案のルール」

☑「計画づくり」の基本的な流れを知る

あなたが苦労している「計画づくり」には、実は、基本的な流れというものがある。

① ニーズシーズから状況を把握する
② 複数の「たたき台」をつくる
③ 優先・重視すべきものごとを決める
④ 実施計画を選ぶ
⑤ 実施の方法・手段を詳しく決める
⑥ 関係者と目標・意義を共有する

この流れを踏まえてつくられた「計画」は、目標達成の可能性が高くなるのだが、その理由がわかるだろうか？

計画づくりの基本的フレームワーク

1 ニーズシーズから状況を把握する

どんなニーズ（顧客などの需要）とシーズ（企業・個人の技術・知識など）があるかを把握。ニーズに応え、シーズを活かすことは、どんな意味があるか考える。

2 複数の「たたき台」をつくる

「何を（目標項目）、どのレベルまで（達成基準）、いつまでに（達成期限）」など、素案をつくる。

3 優先・重視すべきものごとを決める

①品質・レベル、②資源・予算、③時間・期限のいずれかを優先して計画を進めるか関係者と話し合って決める。

裏づけと納得が、達成の確率を高める

一連の流れの最初（①の工程）には「裏づけ」が求められる。この計画には、つくる意味・実行する価値がある、という根拠が欠かせないからだ。

さらに②〜④の工程を踏むことで、深く考えたうえでベストの計画を選んだという納得感がめばえる。そして⑤では「これなら迷わずに実行できる」という安心感を与え、⑥で改めて、最終目標を共有し、モチベーションを高めている。

この流れのポイントは、立案する間に、裏づけと納得を醸成していることにある。良い計画は、立てる段階でうまくいくための仕掛けが盛り込まれているものなのだ。

---

4 実施計画を選ぶ

優先項目を決めたら、具体的な施策を決めていく。多くの案を挙げて、ベストと思えるものを選ぼう。その際、目標を150%達成できる計画とするのがポイントだ。目標の100%以上の成果を得られる可能性が高まる。

5 実施の方法・手段を詳しく決める

いつ、何を、どれだけ、どのように行うのか。計画実行のための5W3Hを具体化し、達成までの道筋を明らかにする。5〜7段階のステップにまで計画を細分化しよう。

6 関係者と目標・意義を共有

1〜5の内容をスケジュール表やワークシートの形で文書化。目標・意義を明記し、関係各所と共有しておく。いつでも確認や振り返りができるようにする。

ここがポイント!

立てた計画は「見える化」しよう

正しい流れでつくった計画は「ひとめでわかる形」でまとめることで、さらに効果を増す。ビジネスの計画表や工程表などは、えてして複雑・膨大なものになりがちだが、ここを極力すっきりとまとめるのも、立案者の腕の見せ所だ。まずは「ステップ表」の作成ができるようになろう。

「何を、いつまでにやるか」がよくわかるステップ表

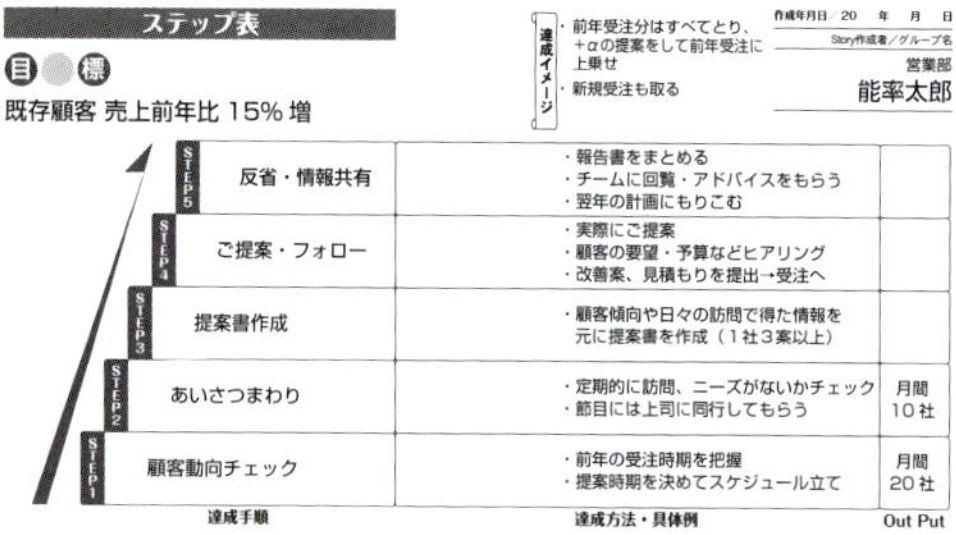

ステップ表

目標
既存顧客 売上前年比 15% 増

達成イメージ
・前年受注分はすべてとり、＋αの提案をして前年受注に上乗せ
・新規受注も取る

作成年月日／20　年　月　日
Story作成者／グループ名
営業部
能率太郎

	達成手順	達成方法・具体例	Out Put
STEP5	反省・情報共有	・報告書をまとめる ・チームに回覧・アドバイスをもらう ・翌年の計画にもりこむ	
STEP4	ご提案・フォロー	・実際にご提案 ・顧客の要望・予算などヒアリング ・改善案、見積もりを提出→受注へ	
STEP3	提案書作成	・顧客傾向や日々の訪問で得た情報を元に提案書を作成（1社3案以上）	
STEP2	あいさつまわり	・定期的に訪問、ニーズがないかチェック ・節目には上司に同行してもらう	月間 10社
STEP1	顧客動向チェック	・前年の受注時期を把握 ・提案時期を決めてスケジュール立て	月間 20社

計画全体の中での進捗状況もわかりやすい！
よし、順調に進んでるわ。来週からは次のミッションね

「ステップ表」（20〜21 ページ）を活用すれば、目標はもちろん、取り組むべきこと、時系列などがかなり簡潔にまとめられる。

スキルアップのコツ

アナログとデジタルのW活用で、目標達成

最近のビジネスハックは、何かとITを活用したものが多くなりがちだが、今一度デジタル・アナログ、双方の効果を見直しておきたい。

計画書自体はPDF等で配付。各自が取り組むべき方法などを随時確認できるのが、デジタルデータで配付することのメリットだ。

一方で、計画の名称や目標など大きなテーマは、出力して関係者が見える場所に貼り出しておくと、モチベーションアップの効果が高い。

古いやり方のように思えるかもしれないが、人間には、目にすること、声に出すことで意識づけが深まる本能があるのだ。

デジタル

- 各人が取り組むべきことなど、詳細の指示に便利
- いつでもどこでも、自分のペースで確認できる

アナログ

- 計画名称や目標など、大きなテーマの掲出に活用
- 日常的に目にすることで、実行のモチベーションを高める効果がある

②正しい状況把握が計画の基本

トップアスリートに共通する「計画力」

あなたは子どもの頃、「将来の夢」という作文を書いたことがあるだろう。男の子は「スポーツ選手」、女の子は「パティシエ」が近年の人気職種だというが、自分がどう書いたか、あなたは覚えているだろうか。そして今の自分は、その仕事に就いているだろうか。

イチロー、本田圭祐、石川遼らトップアスリートの共通点として話題になったのが、彼らの作文が「絶対に○○になる。今はこういう状況だが、こうすればさらに成長できると思う。そしてX歳でこういう評価を得たい」と、きわめて具体的に記されていたことだ。

同級生たちが「△×になりたい。なぜなら△×が好きだからです」どまりのところを、彼らは幼くして、自分の能力・才能を把握し、成長するための計画を立て、それによって得る栄光までをも見つめていた。

しかも考えたことを強い意志で実践し、現在の地位を掴んだのだから、これは素晴らしい「計画力」といえるだろう。

ニーズとシーズから、状況を把握する

彼らの人生計画ともいえる作文の根幹にあるのは「いま自分がどんな状況にあるか」という的確な状況判断である。

そのうえで、「こうなりたい」というニーズ、「何ができるか」というシーズに基づいて設定した目標を、彼らは見事に達成したのだ。

ビジネス上の計画も同様で、目標にはきちんとした根拠が必要だ。なぜその目標を決めるに至ったのか、そこをめざす意義は何か、という裏づけがない目標は、えてして頓挫する。中小企業などによくある例だが、ワンマン社長が押しつけてきた目標を達成できないのは、社員の能力が足りないというよりは、その目標の裏づけがわからず、納得がいかないから全力を尽くせないのだ。

目標達成の可能性を引き上げるのは、正しい状況把握。そして、ニーズとシーズに裏づけられた目標設定なのである。

ニーズとは

needs= 需要。転じて、求められるものごと。

顧客・消費者はもちろん、業界や会社等、幅広い分野で発生する要求や必要を総称する。
何が求められているかを把握するのが「ニーズを考える」ということ。

シーズとは

seeds= 種。転じて、自らが持っている有形無形の資産（技術・知識・ノウハウなど）。

それを活用し、何ができるか、生み出せるかを考えるのが「シーズの洗い出し」ということ。

ここがポイント!

ニーズ・シーズは複数の視点で分類する

「ニーズの把握」には、自分以外の視点からの検討が必要だ。そして「シーズ」には、技術や知識といった有形のものごとと、実績や人脈といった無形のものごとがある。

ビジネスにおける一般的なニーズ。シーズの分類を覚えておこう。

ニーズ

上層部のニーズ

会社や経営トップの要求に対応して目標を設定。例として、トップが「生産性向上」を求めた場合、製造部門ではそれを「生産量の増強」といった目標に落とし込む。

関係先のニーズ

社内であれば他部門、社外なら取引先・協力企業・顧客などの需要に応える。例、取引先から「短期での納品」という要請があればそれを目標として設定。

職務上のニーズ

携わっている職務の効率アップをめざす。たとえばセクションの情報管理の一元化や、報告する際のルールを決めたり、自分自身の能力向上を図ったりする。

目標

シーズ

専門知識・技術

自分や自分のセクションが持っている専門知識や技術を使い、どのようなことができるか、また、どんなニーズに応えられるかを考える。それを目標として設定する。

人脈・組織

会社の内外に自分が持っている人脈を活かして何かできないか検討する。またセクションの組織替えや新しい人材を加えたりすることで別のことができないか考える。

経験

以前実施したプロジェクトの経験を活かし、新しいプロジェクトを組めないか検討する。過去の経験から現在のニーズに応えることのできるものを探し、どう活用するか考える。

TIPS

スキルアップのコツ

対《つい》になるニーズ・シーズのマークをつくる

打ち合わせをしている時に「ああ、この人のニーズはこれか！」と気づく瞬間があるだろう。さらに「このニーズには、あの技術やノウハウで応えられるな」とひらめくこともあるはずだ。

ニーズとシーズが合致すると、大きなチャンスとなる可能性が高い。この機を逸しないためにも、メモをとる時には「ニーズ」「シーズ」を示す自分なりのマークを考えておこう。

たとえば「☆」はクライアント（関係先）のニーズ。それに応えられるシーズがあれば「★」をつけて書き留める。ごくシンプルなマークでかまわないが、前ページで挙げた3種のニーズ分は用意しておきたい。

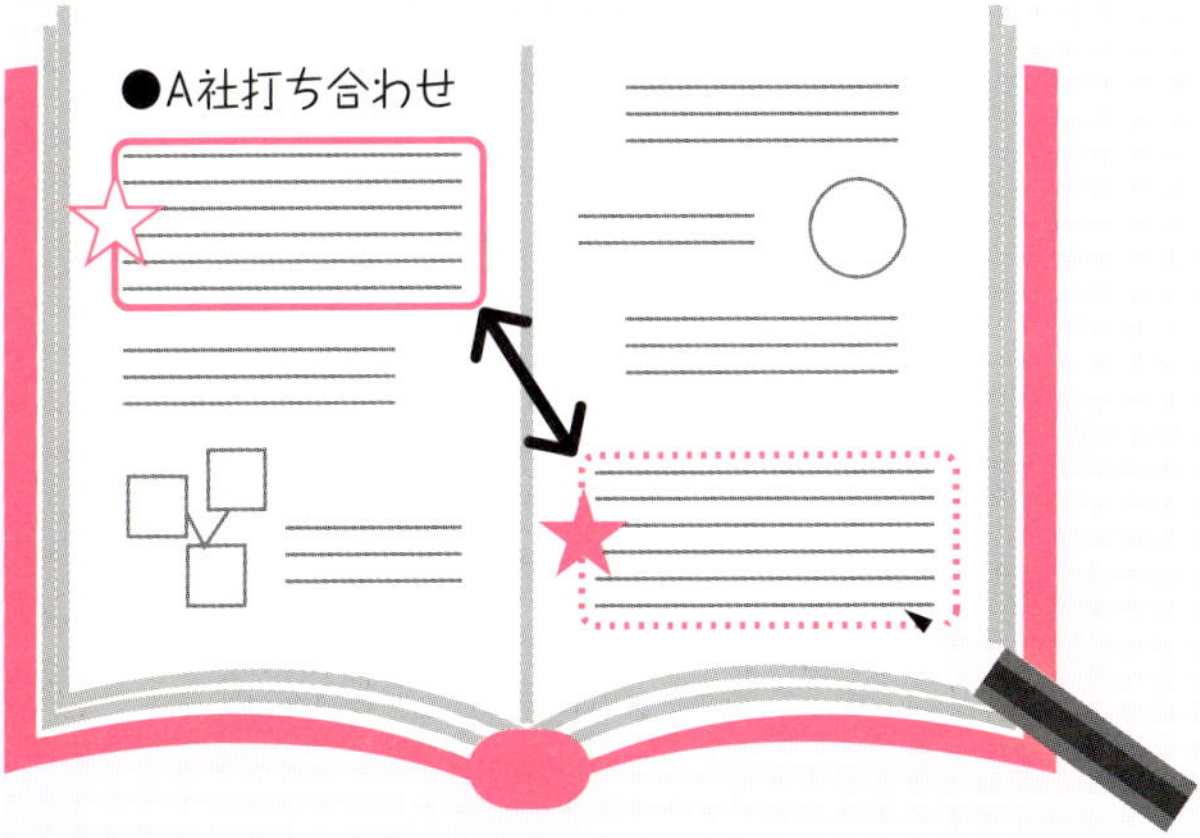

③ 計画のたたき台のつくり方

たたき台づくりには時間をかけすぎない

「たたき台」というのは、その案を元に内容を煮詰めていくためのものだ。従って、あまり緻密な内容は求められていない。

前項の「状況把握」はしっかりやるべきだが、たたき台づくりにあまり時間をかけると、それだけでスケジュールがくるってしまうため、まず基本型を学んで効率よくつくることを心がけよう。

最も基本的なつくり方を覚える

ビジネスにおける計画づくりには、汎用性の高い基本型がある。

そこで考えなくてはいけないのは、次の4項目だ。

①何を（目標）
②どのレベルに（達成基準）
③どうやって（方法・手段）
④いつまでに（期限・期間）

これだけ？と思うかもしれないが、この程度のことがきちんと整理できていない人が、あまりに多い。この4項目を具体的な数字や行動に落とし込めば、それだけでたたき台としては十分だ。留意点は「その時点で考えうるかぎり具体的に書く」ことである。

●ほとんどのビジネス計画づくりに応用できる「基本型」

❶ **何を（目標）**

どのようなことの実現をめざすか。たとえば「来年度の主力商品△△の開発」「○○社との取引を増やす」など設定する。

❷ **どのレベルに（達成基準）**

実現の程度（レベル）や状態を決める。数字で表せるものは数字、できないものは「○○な状態」というように、可能なかぎり具体的に設定する。例、「○○社との取引を前年比15％増」「営業担当者1人月間300万円」

❸ **どうやって（方法・手段）**

どうやって目標を達成するかを考える。たとえばある製品を売り込む場合は、「当社の製品と、ライバル社の同種製品のスペック比較表を詳細に作成し、提示。研究機関による製品のテスト結果を提示する。割引率をライバル社より高くする」など。

❹ **いつまでに（期限・期間）**

具体的に、○○年○月○日と設定する。「○年4月から6カ月以内」といったものでもよい。

第1章の「『複数の案』から選ぶ」(26〜29ページ)でも紹介したが、こうした計画案は、比較検討の余地があるよう、複数つくっておきたいものだ。

前述した基本型のほかにもある、目標の性質や組織規模に応じた計画のつくり方を紹介する。

基本型以外の計画の立て方

ブレークダウン型

全社目標を下部組織におろしていく過程で、各組織の業務に合った詳細目標を具体化していくやり方。

大きな目標を、各組織が具体的な施策を実行することで達成するというスタイルは、大企業に適している。

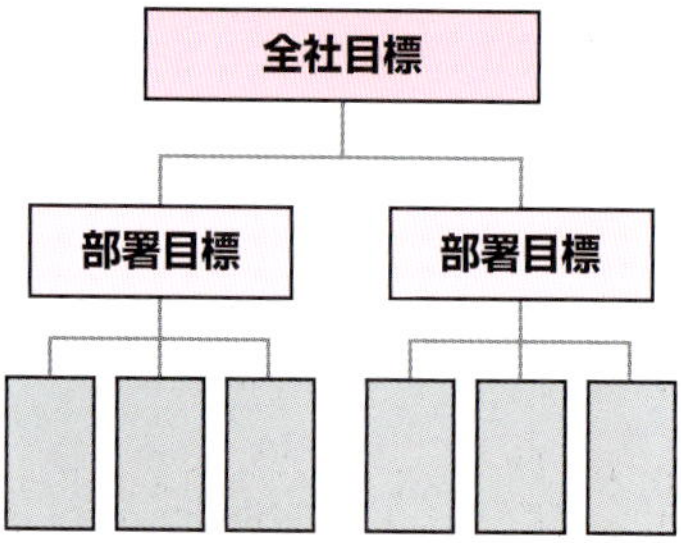
全社目標
部署目標
部署目標

競争水準型

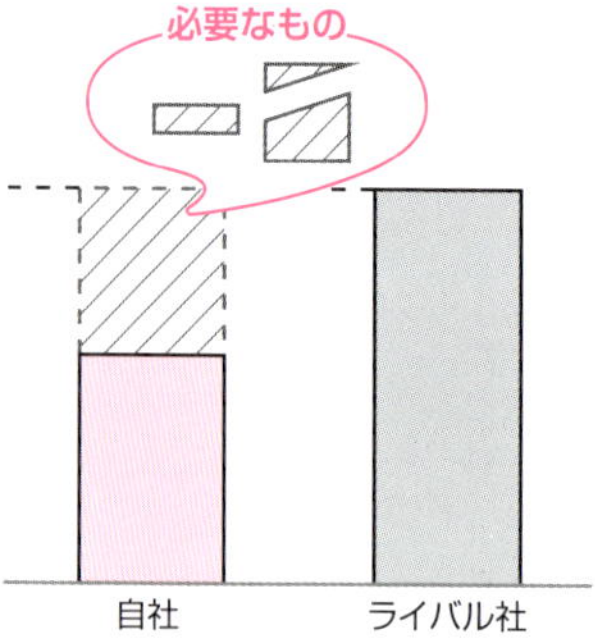
必要なもの
自社
ライバル社

現時点でリードされているライバル(他社)を目標に、自分(自社)の水準を高めるやり方。

仮想敵の設定は、モチベーションアップの最もシンプルな手法だが、ライバルの優れている点を正しく評価し、自らを省みる冷静さが重要。

●計画づくりのその他のスタイル

能率原則型

社外に目標や仮想敵を設定するのではなく、内部の能率を高めて目標達成をめざすやり方。

事務や経理、配送など、毎日の仕事のルール・内容に変動の少ない、いわゆるルーティンワークの計画を立てる際に有効。

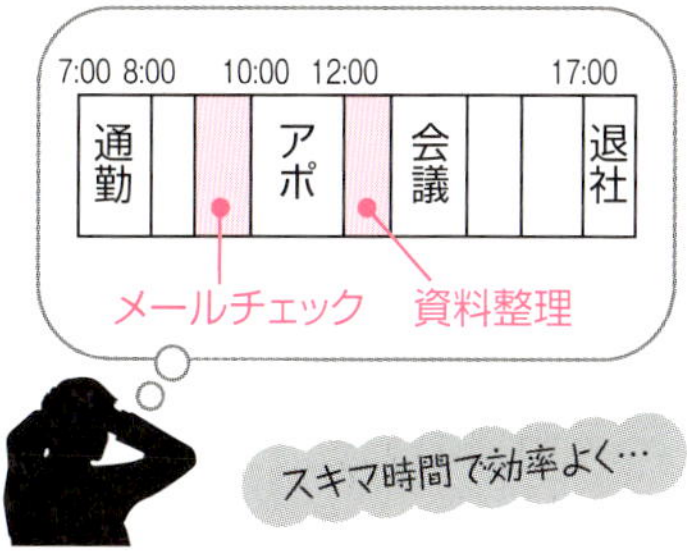
7:00 8:00 10:00 12:00 17:00
通勤
アポ
会議
退社
メールチェック
資料整理
スキマ時間で効率よく…

共同目標型

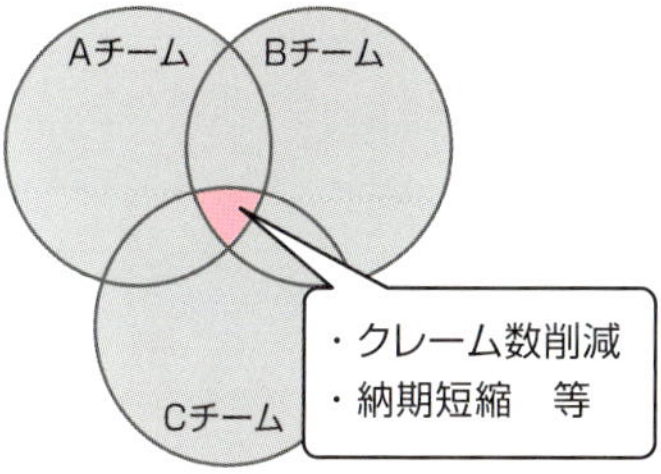
Aチーム
Bチーム
Cチーム
・クレーム数削減
・納期短縮 等

複数のチーム（組織）が共通で取り組むべき目標の達成、もしくは、共通する課題点の改善をめざすやり方。

組織間で考えや取り組み方にギャップが生じないよう、定期的な進捗確認を行うこと。

環境変化対応型

自分（自社）を取り巻く環境や状況の変化を予測し、それに対応することを目標とするやり方。

中・長期的なビジョンが必要なうえ、すぐには成果が表れにくいため、経営計画などに見られることが多い。

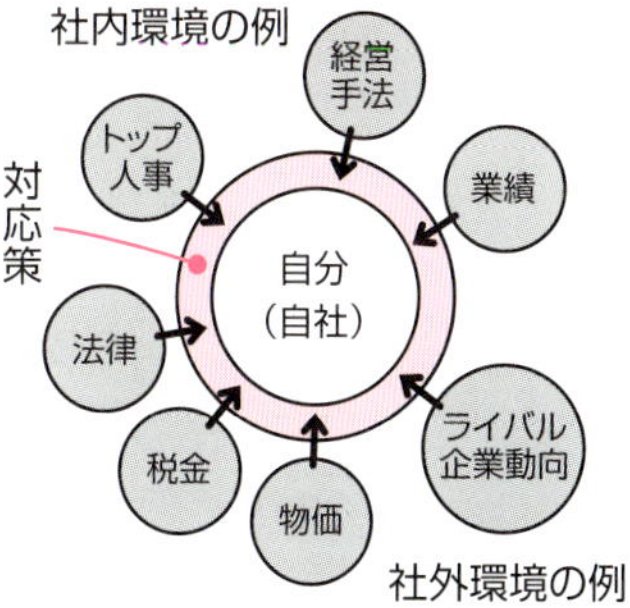
社内環境の例
経営手法
トップ人事
業績
対応策
自分（自社）
法律
税金
物価
ライバル企業動向
社外環境の例

④「優先順位」と「緊急度」を見極める

要素のすべてが重要なわけではない

ビジネスの格言というものは無数にあるが、中でも「二・八の法則」というのは非常に応用の効く言葉だ。

業務が10あっても、大切なのは2つだけだとか、2割の社員が、売上げの8割を生み出すとか、会議での発言の8割は、2割の出席者のものだとか。

とかく、2と8をキーワードにしたビジネスのたとえ話は枚挙にいとまがない。

これらの格言は、いずれも「パレートの法則」(64ページで紹介)を元にアレンジされたものだが、要は「ビジネスには多くの要素があるが、本当に重要なものは限られている」という例としてよく用いられる比率が2：8なのだ。

着手するのは、重要度の高い順に

この2：8という数字を意識しながら、計画について考えてみよう。

計画立案においては、目標達成のために数多くの作業が発生する。しかし、これらすべてを同等・並列に扱っていては、どれほど時間があっても間に合わないだろう。

限りある時間の中で、より大きな成果を生み出すには、どの作業を優先するか、その見極めがとても重要なのである。

また同時に、優先順位＝緊急度の高さと考えていい。

思いついた順に実行してタイムアップを迎えてしまうよりも、優先順位の上位20％を、まず成し遂げる。その結果、目標の80％が達成できた、というケースは非常に多いのだ。

優先順位の低い作業については、時間が余っていたら着手して、80％を90％、100％へと近づけていけばよいだろう。

あくまでも目安につき、あまり厳密に捉えられても困るが、仕事をしていく中で「なるほど、これが二・八の法則か」と思うシーンは必ずあるはずだ。ビジネスパーソンの基礎知識として、ぜひ覚えておこう。

重要度の見極めをしないと…

項目順または思いつき順で実行した場合

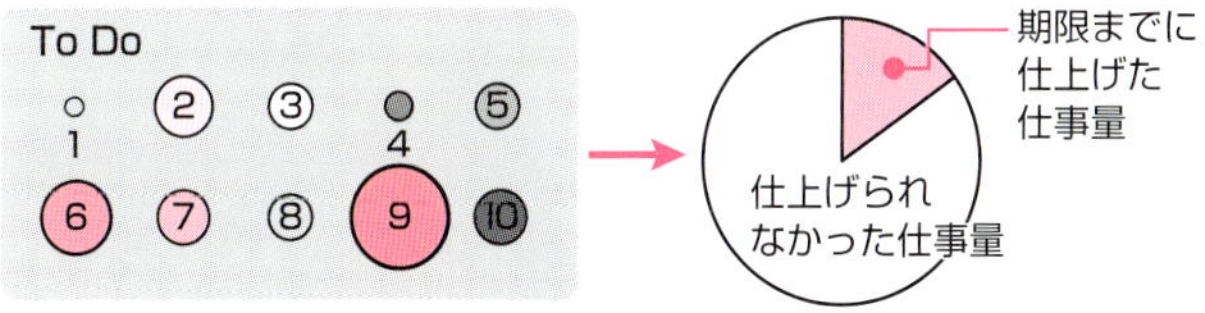
To Do
1
2
3
4
5
6
7
8
9
10
期限までに仕上げた仕事量
仕上げられなかった仕事量

重要度順に実行していった場合

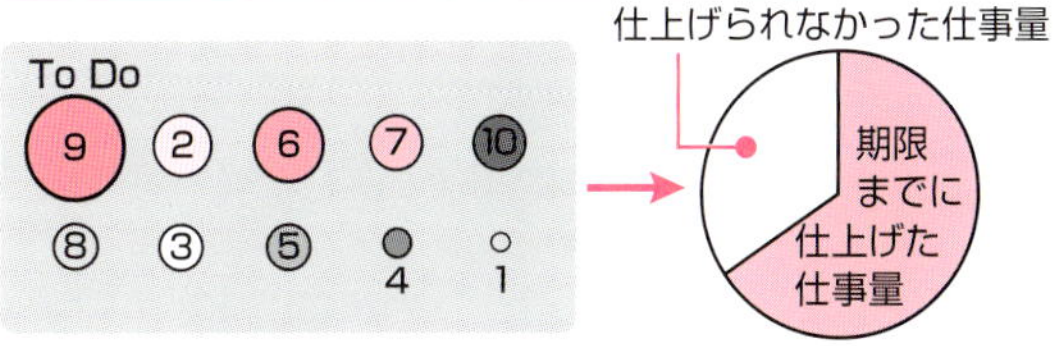
仕上げられなかった仕事量
To Do
9
2
6
7
10
8
3
5
4
1
期限までに仕上げた仕事量

ここが
ポイント!

正しく覚えて使いたい「パレートの法則」

19世紀イタリアの経済学者ヴィルフレド・パレートが提言した「パレートの法則」は、21世紀の現代でも多くの有益なビジネス格言や経験則を生み出す元になっている。

ただし、パレートが本来意図したこととは若干ずれた解釈もまかり通っているので注意したい。

パレートの法則

経済において、全体の数値の大部分は、全体を構成するうちの一部の要素が生み出しているという説。
元々は「2割の高額所得者のもとに社会全体の8割の富が集中し、残りの2割の富が8割の低所得者に配分される」という統計分析から編み出された法則である。

例1 重要度の高い方から2割を処理すれば全体の8割の仕事が完了する

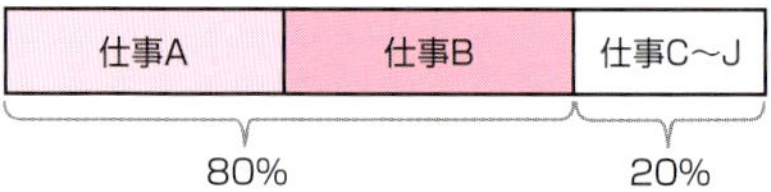

2と8という数字は、さまざまな経済・社会・自然現象にそれらしく当てはめられるため、これを元に、さまざまな格言がつくられている。ただし、ここで気をつけたいのは、一部に流布している「重要なのは2割、その他8割は不要」という解釈だ。パレートはそんなことは言っていないので、8割の部分を切り捨てたりすることはないように。

例2
会議での発言の8割は
2割の出席者によるものだ

TIPS

スキルアップのコツ

まず、自分の業務の優先順位をつける癖を

一流のビジネスパーソンにインタビューすると「プライオリティの高低を、どれだけ早く判断できるか」という意味の発言が、実によく飛び出す。

プライオリティは、「優先順位」を意味する英単語。目の前に山積する仕事の優先順位を速やかにつけ、重要なことからこなして大きな成果を効率的にあげているから、彼らは「できる人」なのである。

こうした判断力は、実は日々トレーニングすれば身につけられるものだ。誰でも始められるトレーニング法をひとつ紹介するので、まずは自分の業務の優先順位を考える癖をつけることから始めよう。

ふせんを使って、業務を6つに分類してみよう

❶JDI (Just Do It)
その時、その場ですべき仕事

❷PEN (Pending)
明日まで持ち越す仕事

❸REG (Regular)
定期的に処理する仕事

❹PRO (Project)
長い期間継続して行う仕事

❺TRY (Try)
自らの意志でやる仕事

❻雑用
集中しなくてもよい雑務

優先順位が高いのは❶～❸。色分けしたふせんでこれらを「見える化」し、優先的に行うこと。❹ ❺ にあてる時間をつくる。❻ については、合間合間に処理すれば気分転換にもなる。

⑤ 全体計画を細分化し、作業へ落とし込む

全体計画は、いくつもの部分計画からなる

ここまで「目標は明確に」と書いておきながら恐縮だが、実際には関わる人の多い、ビッグプロジェクトであるほど、目標は抽象的な表現になりがちなものだ。しかし人は、あいまいな目標に向かっては本気で走り出すことができない。では、どうするか？

この困った問題の解決には、「全体計画」を、実行しやすい「部分計画」へと細分化するのが効果的だ。

その手法として、最も一般的なのが「WBS（ワーク ブレイクダウン ストラクチャー：作業分解図）」である。

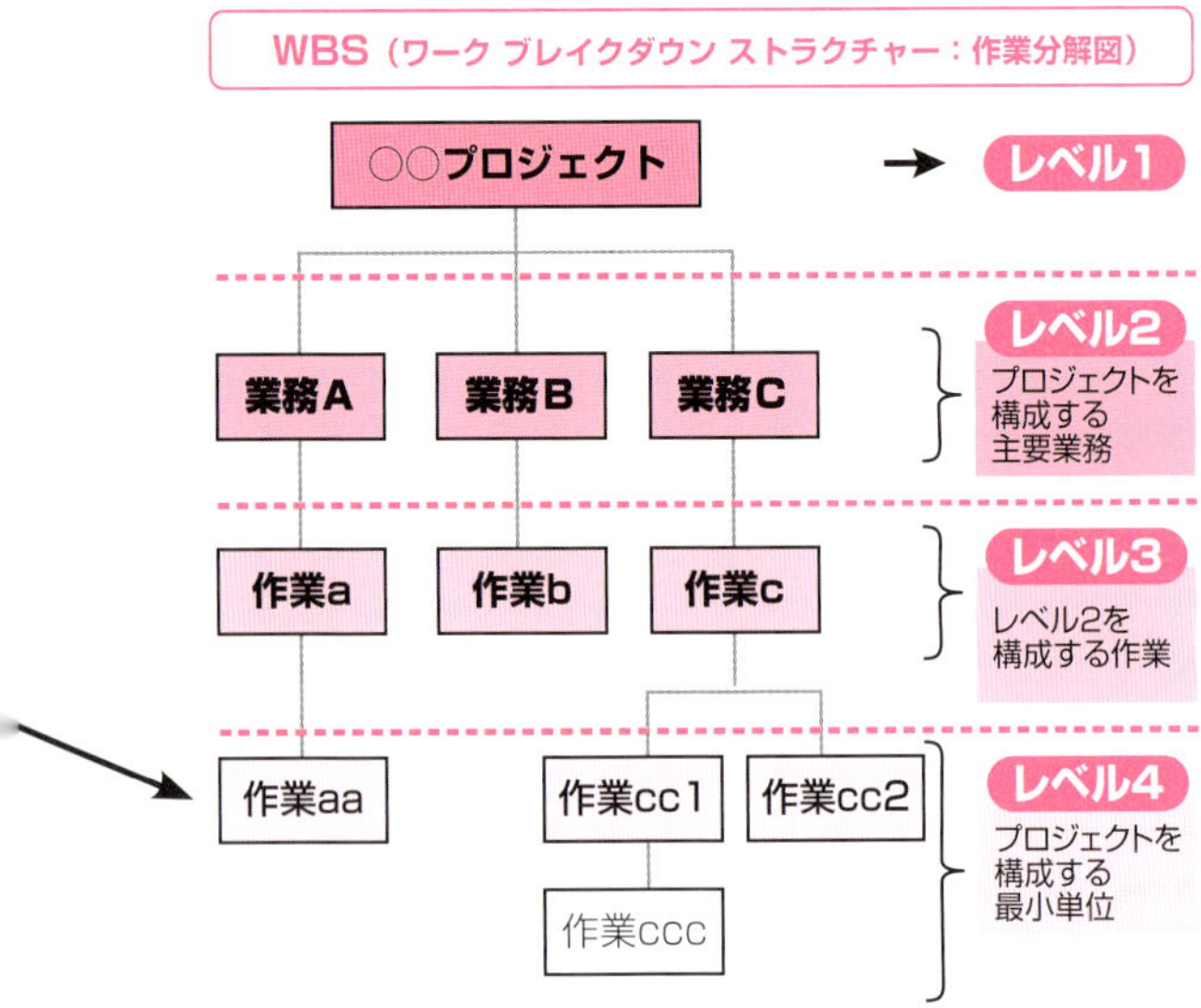

WBS（ワーク ブレイクダウン ストラクチャー：作業分解図）
○○プロジェクト
レベル1
業務A
業務B
業務C
レベル2
プロジェクトを構成する主要業務
作業a
作業b
作業c
レベル3
レベル2を構成する作業
作業aa
作業cc1
作業cc2
作業ccc
レベル4
プロジェクトを構成する最小単位

WBSは、全体目標を構成する要素を細分化した、ツリー型の図で表される。

「全体計画」をレベル1とすれば、「部分計画」はレベル2、レベル3以下は「部分計画を達成するために必要な作業」にあたる。

WBS図を書くことによって、実際に取り組むべき作業の種類や量が具体的にわかるというわけだ。

☑ 必要な作業がわかれば、具体的な実施方法・手段が考えられる

計画に関わる人々の多くは、WBS図のレベル3にあたる「作業」を担う。

彼らに迷いなく働いてもらうためにも、作業を完遂する方法・手段は具体的に示さなくてはいけないが、その策定の元となるのも、WBS図だといえるだろう。

さらには、全体目標を達成するために、あなたが担うのはこの部分だ、と示すのにも役に立つ、非常に重宝な手法なのである。

僕らの部署が担当するのは作業aaか
となると、まずはa分野の市場リサーチが必要ね！

ここが
ポイント!

進捗管理の基準にもなる「WBS」

「WBS」の作成は、計画を成立させるために必要な構成要素すべてを洗い出すという効果を持っている。

これはイコール、作業単位が明確化になるということであり、計画のマネジメント（進捗管理）は、この作業単位がベースになる。ゆめゆめWBSを疎かにしてはいけない。

洗い出された作業単位をもとに管理できる項目	
①作業量の予測	各作業項目に、どの程度の作業量が見込まれるか
②スケジュールの策定	作業量がわかれば、所用時間も推測できる
③予算／コスト管理	作業を実行するために、どの程度の予算が必要か
④調達管理	社内でできるか、外に発注しなくてはいけないかを判断する
⑤リスク管理	各作業項目ごとに、予測されるリスクへの対応ができる

TIPS

スキルアップのコツ

WBS作成時の留意点「粒度を揃える」とは？

「WBS」を作成する際、留意しなくてはいけないのが、各作業項目の〝粒度〟を揃えるということだ。

まず粒度という言葉を辞書で引くと「荒さ、あるいは細かさ。何を最小単位としてみるか、ということ」とある。これを66ページのWBS図で解説すると、上から3段階（業務A～作業aa）に細分化された作業のうち、最下層の内容（ボリューム・所要時間等）が著しく異なっていてはいけない、ということだ。

粒度を決めるにあたってはいくつかの一般的基準がある。まずは下記の2つのルールを参考にしてほしい。どちらも欠かせないものだ。

8/80ルール

作業時間を基準に決める

各項目の作業期間を**8時間（1日）以上80時間（2週間）未満**にすべきというルール。

これらを基準に粒度を揃えることによって、定期的な会議で均等に進捗の度合を確認でき、進捗管理がしやすくなるというメリットがある。

1%ルール・2%ルール

作業量・コストを基準にする

全体作業における各作業項目は、**1%または2%のボリューム（もしくはコスト）**とすべきというルール。1%ルールであれば、全体作業は100個の作業項目に細分化。2%であれば、50個の作業項目に細分化する。

⑥ 日程を「見える化」する

スケジューリングに必要な基本情報

前項で紹介した「ＷＢＳ」を用いると、計画を構成する作業単位を明らかにすることができる。ということは、この作業単位ごとの所用時間を見積もれば、おおよそのスケジュール感が見えてくるはずだ。

…と、ひとことで書いたものの、実際にはこの「所要時間の見積もり」には、実にさまざまな情報が必要になる。

下段で具体的に挙げてみたが、きっと「きちんとスケジューリングするには、これだけの情報がないといけないのか」と感じるのではないだろうか。

① 各作業の内容を決める（どんな作業を、どのようにして実行するか）
② 各作業の完了基準を決める（どうなれば、その作業が完了したとみなすか）
③ 各作業の完了までにかかる時間を予想する（その作業を1人でやったら、どのくらいの時間がかかるか）
④ 各作業に何人を配置するか（③で出した作業時間を人数で割る）
⑤ 各作業の依存関係を確かめる（各作業がどんな時系列・関係性で進められるかを明らかにする）

各作業の「依存関係」とは？

①～④についてはわかりやすいと思うが、⑤については少し詳しく説明しておこう。

「作業の依存関係」とは、各作業の開始と終了の関係のことで、主に4つに分類できる。

■同時開始型
複数の作業が同時に開始できる（または同時に開始すべき）もの。

■同時終了型
複数の作業が同時に終了するもの。

■終了後開始型
ある作業が終了してからでないと、次の作業が開始できないもの。

■開始後終了型
次の作業が開始してからでないと、選考していた作業が完了できないもの。

スケジュールを「見える化」できるガントチャート

①～⑤の情報がすべて揃ったところで、いよいよスケジュールを立ててみよう。ここでは「ガントチャート」※を用いて日程の作成方法を説明する。

ガントチャートのメリットは「計画の流れ・作業の関係性を見える化でき、進捗管理にも役立つ」ということだ。

詳しくは次ページで解説するが、実績ある方法だけに、「ガントチャート」で検索すればフリーソフトを含む多くのソフトが手軽に入手できる。作り方・読み方を理解したうえで、ぜひ活用してほしい。

※ガントチャート：H・L・ガント（米）の考案した日程計画法

ここがポイント! ガントチャートの作り方・読み方

「ガントチャート」は、工程管理や計画遂行にかかる時間の見積もりに、非常に有効なフレームワーク。

シンプルなため自分流につくってもさほど手間ではないが、エクセルのフリーソフト等が多数出回っているので、検索して活用してみよう。

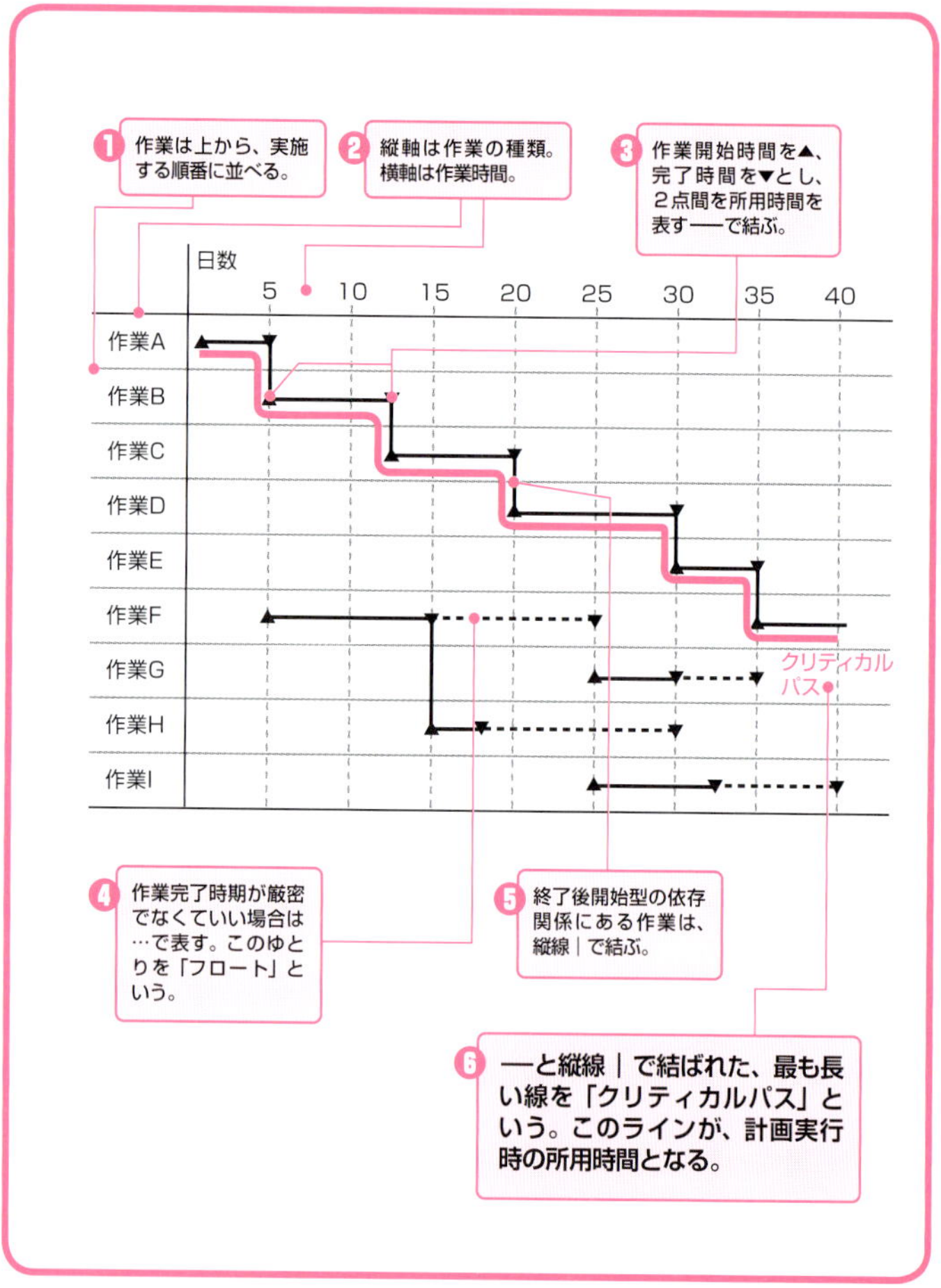

1 作業は上から、実施する順番に並べる。
2 縦軸は作業の種類。横軸は作業時間。
3 作業開始時間を▲、完了時間を▼とし、2点間を所用時間を表す──で結ぶ。
日数
5 10 15 20 25 30 35 40
作業A
作業B
作業C
作業D
作業E
作業F
作業G
作業H
作業I
クリティカルパス
4 作業完了時期が厳密でなくていい場合は…で表す。このゆとりを「フロート」という。
5 終了後開始型の依存関係にある作業は、縦線｜で結ぶ。
6 ──と縦線｜で結ばれた、最も長い線を「クリティカルパス」という。このラインが、計画実行時の所用時間となる。

スキルアップのコツ

「ゴール」から逆算する視点をもつ

ガントチャートをつくった。その結果、本来めざしていた期日に間に合わないことがわかった…というのでは、はなはだ本末転倒な話である。

ゴールラインを見据え、そこに間に合わせて計画を完了する方法を考えるのも、立案者の役目だ。

たとえば作業に当たる人員を増やすとか、外注を利用するという定量的な調整でなんとかなるのか。当然増える予算との折り合いはつくのかなど、検討項目は多い。

また「どう頑張っても間に合わない」という状況ならば、そもそも計画に無理がある、ということ。残念ながら、大幅なリセットが必要になる。

タイムリミットは3時間
それまでに42.195kmを
完走するには…

⑦ 進捗管理のタイミングと意義

計画は、予定どおりには進まないと心得よ

意義のある目標を立て、全体計画ができ、各自が担当する作業内容とスケジューリングも固まった。さあ、計画開始である。

これで予定どおりに目標達成できたのなら、素晴らしいのだが、残念ながらそうはいかないのが計画というものだ。

計画どおりに作業が進んでいるか、成果が上がっているかをチェックする「進捗管理」は、計画を立案・推進する者の役目である。

各自の作業については、ある程度の裁量を認めたほうが自主的に働いてくれるものだが、いよいよ帳尻が合わなくなった時に困るのは自分なのだから、放任するわけにはいかない。

では、どんなタイミングで、どのように確認すればいいのだろう？

定期的な「進捗会議」の頻度と意義

まず、ベースになるのは、あらかじめ期日を決めた進捗会議での定期報告だ。

会議を開くタイミングは、計画の規模やスパンによって異なるが、大切なのは「遅延・トラブルが発覚した時、手遅れにならない頻度」である。

たとえば、10カ月で完了する予定の計画で、

1週間の遅れならばさほど負荷をかけずに回復できるだろうが、1カ月遅れたらかなり苦労することになる。進捗会議は、回復可能で、かつ参加者の負担にならない頻度で開催したい。

また、ここで理解しておきたいのが、この会議が単なる進捗率を確認する場ではなく、問題を早期発見し、解決策を考える場だということ。仕事がはかどらない人はモチベーションが下がるし、長引けば計画全体に悪影響を与えることになる。この状況にいち早く気づき、すみやかに対策を考えるのが「進捗会議」を開催する本当の意義だ。

そして、だからこそ徹底すべきなのが「問題を発見しやすい報告」がなされているかどうかだ（内容は次ページで詳しく紹介）。

☑「緊急窓口」の設置で、念には念を

念を入れてのもう一手として、進捗会議と合わせて準備しておきたいのが、何かあったらすぐに報告できる「緊急窓口」だ。

問題が発生した、やり方がわからなくなった、想定外の状況に陥った、など、現場では判断できない事態が起きたら、すぐに連絡できる窓口があることを、会議のたびにアピールしておこう。

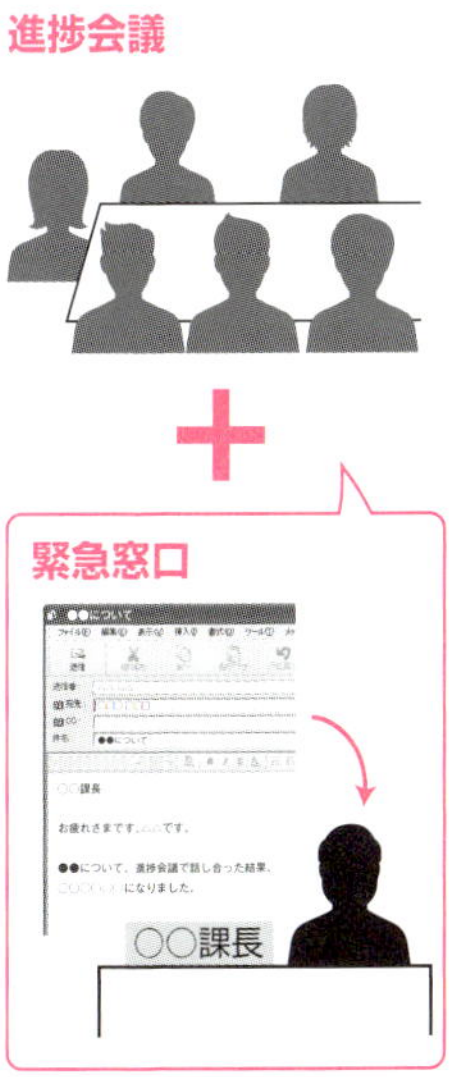

ここがポイント!

「進捗報告」に欠かせない項目は何か？

進捗状況をどう判断・表現するかは人によって違う。しかも人には、自分の都合の悪いことは隠したがる癖がある。

あいまいな報告で遅延の発覚が遅れてしまわないよう、シンプルなフォーマットを用意すると、認識ギャップが減り、報告者の負担も軽くなる。

進捗報告に欠かせない項目

- ①担当する作業項目
- ②実行している作業内容
- ③②の完了予定日
- ④遅延がある場合、その時間・日数※
- ⑤遅延がある場合、その理由※
- ⑥対応策（「頑張る」とか「善処する」ではなく、実施する回復策を具体的に。考えつかない場合は率直に、会議でヘルプを求めること）

今週の作業実績						
タスク				遅延状況報告		
タスク番号	案件	内容	終了予定日	進捗遅れ(日数ベース)	事由	対応策/キャッチアッププラン
13720508	精算	設計				
13720510	精算	開発				
13720601	進行	開発				
13720605	進行	開発				
13720606	会議	要件定義				
13720608	アポ	設計				
13720609	商談	設計				
13720610	アポ2回目	開発				
13720701	会議資料作成	要件定義				
13720702	見積書作成	設計				

今週の作業実績						
タスク				遅延状況報告		
タスク番号	案件	内容	終了予定日	進捗遅れ(日数ベース)	事由	対応策/キャッチアッププラン
13720601	最終チェック	開発				
13720605	最終チェック	開発				
13720606	進行	要件定義				
13720608	商談	設計				
13720609	進行	設計				
13720610	商談	開発				
13720701	会議	要件定義				
13720702	アポ2回目	設計				

※いずれも遅延がない場合は空欄でOK

TIPS

スキルアップのコツ

「5W3H」を発展させた「6W3Hシート」で情報を集める

予定どおりに仕事が進まない。それは要するに「なんらかの問題が、スムーズな進捗を妨げている」ということだ。

問題を解決するためには、関わる情報を集めなくてはいけない。

ここでは効率のよい情報収集手法として、おなじみの「5W3H」の発展型である「6W3H」シートを活用してみよう。

事実情報を集める 6W3Hシート

How much 問題に関する金額 回収費、修復費、広報費 2,500万円	**Whom** 誰にとって問題か △△営業所エリアの顧客	**Why** 原因にはどんな意見があるか ・部品Bの強度不足（企画部 田中） ・検品時のチェック漏れ（製造部 山田） ※
How many 問題の数量・回数 販売済み 3,570セット	**What** どんな問題が起きたか 新商品Aに不具合発見	**Who** 問題の主体は誰か 企画部、製造部、販売部（企画部部長　後藤） ※
Where 問題発生場所・箇所 ○○事業部関東地区 △△営業所	**How** 問題はどんな状態になっているか ・顧客からのクレームがすでに多く寄せられ深刻である（△△営業所 岡田） ・ただちにリコールし、部品交換をしなければ信用失墜である（販売部部長　鈴木） ※	**When** 問題はいつ起きたか 2013年8月6日（A発売後20日目）

※主観が入りやすい箇所。問題分析に影響しないよう、誰の意見かを明記する

⑧ メンバーの能力を把握したチームづくり

各人の能力・個性をチームに活かす

計画をスムーズに推進し、目標を達成するために非常に重要なのが「適材適所の人材配置」だ。

計画に関わる人がみな、自分の能力や個性を発揮できる業務を担い、のびのびと力を発揮してくれたら。その計画は素晴らしい成果を上げられることだろう。

現実にはそううまくはいかないものだが、それでも「よりよいチームをつくりたい」という気持ちでメンバーを見つめてみれば、おのおの持つ個性や能力が際だってくるはずだ。

計画に関わる人を観察し、チームづくりに活かす

Aさん
農耕民族タイプ
・温厚
・几帳面
・仲間意識が強い
・チャレンジが苦手
・観察眼がある
・実力主義
・個人主義
・責任感が強い
Bさん
狩猟民族タイプ

文化人類学的に、長所短所を見てみると

ちょっと前の流行語に「草食系男子」というものがあった。あれは最近増えている、草食動物のように穏和で、ガツガツしたところのない青年たちにつけられた呼び名だ。動物にたとえるのは善し悪しあるが、それでも人間には「タイプと傾向」というものがある。

世界からは、農耕民族だから穏やかで保守的、と思われている日本人の中にも、ハングリーな狩猟民族タイプや遊牧民タイプはたくさんいるのだから。

画一的な分類にこだわってはいけないが、自らの計画に、どんな人々が関わっているのか、彼らの力を最も引き出すのはどの業務か、そんな視点でメンバーを見つめてみよう。

どの人に、どんな仕事を頼んだらいいのかな…？
Aさんと Cさんはあまり相性がよくないかも
Cさん
遊牧民族タイプ
・好奇心旺盛
・チャレンジ好き
・マイペース
・束縛嫌い

ここが
ポイント!

チームに好影響を与える3つの指向性

各人を丁寧に観察すると、個性や能力だけでなく、「この人はこれが得意なんだな」とか「こんなことをしたがっているのかな」といった指向性が次第にわかってくる。

この指向性にマッチしたチームをつくれば、モチベーション高く計画を推進してくれることだろう。

チームづくりに活かしたい、3つの指向性

①その作業（分野）が好きだ

バイタリティをもって動いてくれる人材。キャリア・人格的に問題がなければ、作業単位の小さなチームのリーダーをまかせてみると、急成長してくれる可能性を持っている。

②その作業（分野）が得意だ

その作業（分野）の経験・実績がある。
周囲も認める能力を持った、リーダー向きの人材。責任あるポジションに就くことで、自らの経験やスキルをチーム内に分け与え、チームの成長を促してくれる可能性が高い。

③その作業（分野）にトライしたい

たとえ経験が浅くとも、モチベーションが高いため、周囲に好影響を与えてくれる人材。実作業を担当する若手の中にこういう人材がいると、チームが活気づくという効果がある。

スキルアップのコツ

TIPS

モチベーションの低い人にどう対処するか

ここまでは人のポジティブな面をクローズアップしてきたが、実際には、非協力的だったり、やる気のない人がどうしても存在するのが、組織というものだ。

そういった人にも参加してほしいと思うのなら、ぜひ積極的に話しかけて、計画に対する熱意を伝え、協力を仰いでみよう。

しかし、気をつけたいのは、ネガティブな人は、えてしてしつこい勧誘が嫌いだということ。

何度か話し合う場を設けても反応が芳しくない場合は、早めに割り切って、大勢に影響のない業務を担当してもらうのもひとつの手だ。

モチベーションが低い人にまかせる仕事のポイント

① **難易度は低く**

高すぎるとストレスを溜める。また、いざというとき代役を立てられるレベルに

② **ボリュームはそれなりに多く**

ある程度の達成感、手応えを感じられるように

③ **タイムリミットは厳密に**

ゆとりがあると、暇な時間に周囲に悪影響を与えることが

リーダーシップとフォロワーシップ

数年前、JAXA（独立行政法人・日本宇宙航空研究開発機構）が宇宙飛行士を公募した際、その選考過程を追ったドキュメンタリーがNHKで放映された。

最終選考に残ったのは10名、いずれも医師、パイロット、研究者など、錚々たるプロフィールの持ち主ばかりだ。今のままの仕事で、地位も名誉も富も手に入れられるだろうメンバーの中には、この選考に挑むために現職を捨てた者もいる。

「宇宙飛行士」は、そうまでして叶えたい夢なのだ…というのが番組の主眼であるが、注目したいのは、JAXAが選考の基準として最重要視した「リーダーシップ」と「フォロワーシップ」という言葉だ。

グループの中で、各自がどんな役割を果たすのか？

知識、体力等の試験をクリアした候補者たちは、外出を許されない非常に狭い空間で共同生活を送りながら、与えられた課題をクリアするというグループワーク式の最終選考に挑んでいた。

宇宙船での生活を想定した、不自由でストレスの大きな状況下で、

● 2つのタイプを把握してチームづくりに役立てる

チームワークを発揮できるか、各自がどのような能力・資質を発揮するかを試していたのだ。

こうした時、指導的な力・影響・カリスマを発揮する者は〝リーダーシップ〟に優れた人材ということになる。これはビジネス書ではおなじみの言葉だから、説明は不要だろう。だが〝フォロワーシップ〟についてはどうだろうか？

JAXAはこれを「リーダーに従い、支援する力」と定義していた。舵取役ではないが、チームの一員として自らの役目を理解し、能動的・献身的に動ける人材、ということだ。リーダーシップとフォロワーシップ、どちらが優れている、という話ではないので最終選考を勝ち抜いたのがどんな人材だったのかはここでは紹介しないが、JAXAはどちらの能力も公平に評価した、ということはお伝えしておく。

わが身を振り返って、自分がどちらのタイプ（どちらが適しているか）かを、おそらくあなたは理解しているだろう。そうしたら、次はぐるりと社内を見回してみよう。

「この人はリーダーシップのある人だ」「この人はフォロワーシップに優れている」という把握ができるようになれば、チームづくりに大いに役立つことだろう。

⑨ チームが活気づくミーティングのコツ

結束と活力が、計画達成のかぎを握る

第1章の最後で、計画達成の必須条件として「全員参加・目標共有・自力実行」という3つのキーワードを挙げた。

これは、計画に関わる人々にはそれぞれに託された任務があり、各自が自主的に果たす覚悟をもってくれないと計画達成は不可能だ、という意味なのだが、その一方で大切にしたいのが「チーム力」だ。

各人が責任を持ったうえで、結束が強く、モチベーションが高い。そんなチーム運営が実現すれば、計画達成の確率はグンと跳ね上がる。

良いミーティング、5つの原則

さて、ここで結束力強化の手法が「ミーティング」だといったら、今時はやらない話だと思うかもしれない。

しかしここで最も大事なのは「同じ目標を共有している相手の顔が見える」ことなのだ。そのためにはやはり、全員参加型のミーティングの効果は侮れない。

ただし、その運営にあたっては、守るべき原則がいくつかある（41ページ参照）。いずれもごく一般的なことばかりだが、ここを怠ると単にダラダラした集まりになってしまい逆効果なので、気をつけてほしい。

嬉しいことより、困ったことを丁寧にケアする

74ページの「進捗会議」の項でも書いたが、こうしたミーティングで重視しなくてはいけないのは「問題を見つける」ことである。

人は身近な存在に対しては、順調なことよりも、不安なこと・困っていることを語りたいと考えるもの。もし進捗が遅れがちな人や、表情がさえない人がいたら、さりげなく水を向けて不安を引き出すやさしさを持ちたい。

悩みを引き出すことができたら、その改善策について全員で忌憚なく話し合おう。解決策をみんなで考えた、というだけでも、まずは意義があるし、その後、状況が改善すれば、チームの絆はさらに深まることになる。

活気あるミーティングにするために

①ミーティングのテーマをあらかじめ通知する
②時間厳守（開始／終了とも）
③テーマに対し、各自意見をもって集まる
④全員になんらかの発言機会を設ける
⑤成果と問題を共有する

ここが重要！

「問題」を個人で抱え込むのはつらい
みんなで分かち合って、解決案を考えよう

ここがポイント!

ミーティングの前に行うアイスブレイクの効果

チームの中には、ミーティングや会議で、積極的に発言できないタイプの人もきっといるだろう。そんな人からも、なんとかして発言を引き出したい時に効果的なのが、氷を融かす、壊す、という意味を持つ「アイスブレイク」だ。

1

緊張感をやわらげる

あまりなじみのない人々が出会う時は、誰でも少なからず緊張している。ミーティングの前に軽いゲームや自己紹介をすることでこの緊張をときほぐし、コミュニケーションをとりやすい雰囲気を作ることができる。

2

互いへの理解を深める

いきなり自己紹介しろといっても、部署や名前を言って終わるのが関の山だ。しかし、「アイスブレイク」を活用してゲーム性・テーマ性のある発表方法をとれば、各自の個性が自然と引き出され、相互理解が深まる。

3

発言することへの抵抗感が軽減される

ミーティング中、重大なテーマについていきなり発言できる人は少ない。これは、意見がないというよりも沈黙の中で声を出すこと自体に抵抗があるから、という理由も大きい。そこで、あらかじめ軽いゲームで全員に会話や発言をさせ、声を出すことへの抵抗感を軽減させておけば、議論が活発になる効果が期待できる。

スキルアップのコツ TIPS

事前準備不要！ すぐに使えるアイスブレイク３種

■ほぐし系「ジャンケン・トレイン」

①司会者の合図に合わせ、近くにいる人とジャンケン。負けた人は勝った人の後ろに並ぶ。②勝った人は、また近くにいる、先頭の人とじゃんけん。負けたらまた後ろにつくことを繰り返す。③5分程度の時間を決め、その時点で一番長い列の先頭の人が勝ち。

■紹介系「しりとり自己紹介」

①司会者が適当な人を選び、名前を名乗ってもらう。②最初の人が「やまだはなこ」なら、隣の人は「コンビニスイーツが好きな、さとうあいです」→「イタリア旅行を計画中のたなかよしおです」というように、相手の名前の最後の音にちなんだ自己紹介をまじえて名前を名乗る。③一巡して最初の人が再び答えたら終了。

■把握系「ラインナップ」

①参加者をランダム選択で複数のグループにわける。②司会者の合図で、参加者が名前の五十音順（誕生日順・入社順等。アレンジも可）になるよう一列に並び替え、その時間をグループ対抗で競う。③勝敗がついた後、勝ち負けの要因を各グループで振り返る。④司会者は駆け引きの中で、各グループの中で自然とリーダーシップを発揮する人、フォロー上手な人などの個性をチェックする。

⑩ 計画達成に向けた、適切なサポート

危険な予兆には、すみやかなフォローを

計画がある程度進むと、各作業ごとに進捗のバラつきが出てくる。

スケジュールにはある程度の幅をもたせてあるはずなので、その範囲でカバーできるのであれば、自主性を尊重する意味でも、しばらくは様子を見ていればよい。

しかし、想定以上の遅れが出てしまったり、メンバーに迷いや不満があって作業がはかどらないようだと察知したら、すみやかにサポートを行わなくてはならない。1チームの遅延や停滞を放置したことによって、計画全体が頓挫してしまうこともあるのだ。

サポートの種類と、適切なタイミング

実際にどのタイミングでサポートを投入するかは、進捗状況によって適宜判断、ということになるが、こうした不測の事態への備えというのは、遅延が発生する前に準備しておくべきものだ。

基本的なサポート方法としては、①ソフト面でのサポート（ノウハウ、情報など）と、②ハード面（マンパワー、機材、予算、統括人材）と考えておけばよいだろう。

またこの他、自分の会社の業種や計画の内容によっては、外部専門家の指導を仰ぐといったパターンも考えられる。

メンバーへのサポート法

ハード面でのサポート

マンパワー・機材の増援

・スタッフの増員
・機材の増強
・専門家によるサポート
など

予算の追加

・予算の見直し
・必要に応じた増資
・増援用の人件費
など

ソフト面でのサポート

ノウハウを提供する

・より効率の良いやり方
・技術的指導
・機材等の使い方
など

情報を提供する

・過去実績の参照
・業界の動向
・顧客やターゲットの動き
など

チームリーダー（指揮担当者）の介入・交替

・チームのまとめ直し　・他部門との連携・調整
・上位者との交渉　・社外（顧客・外注先との折衝）
など

ここがポイント!

社内の「専門家」に協力をとりつける

いかに計画立案者であっても、各作業の内容について、なんでも詳細に知っているというわけにはいかない。

そんな時には、社内にいるであろう各作業の専門家の存在を確認し、いざという時にサポートしてもらえるよう根回ししておこう。

❶ミーティング前のアイスブレイクを使用して作業種類ごとのエキスパートを聞き出す

今日の「1分トーク」のテーマは「あなたが頼りにしている仲間・上司」です
Aさんかなエクセルが得意で頼りになるの
Cさんは転職組だけど社会経験が豊富なアイデアマンなんです

自分の知らない人脈・才能は他者から聞き出すのが早道

❷社内で顔を合わせた時に協力を要請

Cさん！Dさんに伺いましたがとてもアイデアマンなんだとか
え！そんなふうにほめてくれたの？
ええ、今Dさんとプロジェクト進行中なので何かあったらご協力を！

紹介してくれた人を立てることも忘れずに

スキルアップのコツ

いつか自分を助けてくれそうな「人財リスト」をつくる

1つの計画が動き出すには多くのメンバーが関わる。その中には、さまざまな個性と能力を持った「人財」が隠れているはずだ。

計画を進める間に、メンバー個人と話す機会があったら、ぜひ積極的にコミュニケーションをはかってみよう。

数字に強い、集中力が高い、コミュニケーション能力が高い、読書家、社内のニュースに詳しい…etc.

たとえその時担当している業務には関係のない能力や個性だったとしても、いつか何かでプラスになるかも。自分が取り組む仕事に協力してもらえるかも。そんな目で相手を見つめてみるのだ。

人財リスト

■ 一芸に秀でている

・中山／○○○○○○○

・鈴木／○○○○○○○○○○

■ コミュニケーション能力が高い

・小椋／○○○○○○○○○○○

・田中／○○○○○○○○○○

■ 仕事に習熟している

・志村／○○○○○○○○○

・髙橋／

Column

「計画の達人」の物語

幕末の偉人をひとり挙げよ、と言われて「大村益次郎(村田蔵六)」という人がいたら、その人はよほどの歴史マニアだろう。

山口の一村医者だった大村は、蘭学の知識を求める人々によって政治の表舞台に引っ張り出され、やがて幕末長州軍を率いる司令官となるのだが、その指揮ぶりは見事な「計画」に基づいていた。

大村は、それまでの精神論的な戦い方を排し、戦況・地形・天候などを事前に綿密に調べた。そして限られた戦闘員を、どこに、どう配置をするか、それぞれが何をすべきかを厳密に指示し、ロジックに裏づけされた、勝つべくして勝つ軍隊をつくりあげた。

戦闘開始のタイミングから、何時頃に敵が壊走するかまでを読み通し、事前に戦況の記事を書いたかわら版を用意して勝利後すぐに配布したというのは、彰義隊と戦った上野戦争での逸話だ。大村の計画力が、長州藩の勝利を…ひいては明治維新を引き寄せたといってもいい。

この「計画の達人」というべき人物について、もっと詳しく知りたい方は「花神」(司馬遼太郎・新潮文庫)をご一読あれ。ちなみに「花神」とは花咲か爺のことである。

第3章

習慣力を強くしよう!

①習慣力がない人は、やり遂げられない

できるはずの計画が、達成できないのはなぜだろう?

第2章までは「計画力を強くする秘訣」と、「うまくいく計画づくりのノウハウ」を中心に述べてきた。

そしてこの第3章からは、計画達成のかぎを握るのは「習慣力」である、というテーマで話を進めていく。

第2章までに計画力を磨くためのノウハウを体系的に述べてきた。このノウハウは根拠があり、無茶でもなく、現実的な方法・手段を備えた、着実にやれば成果を上げられる方法であり、ポイントを絞って説明している。

なのに、この通りに計画を立ててもなぜか達成できない。

ならばその理由はおそらく、計画がまずいのではなく、あなた自身に「やり遂げられない理由」があるのだ。

本書では、その理由を「継続的に物事に取り組む力が低い＝習慣力の弱さ」として、詳しく解説していく。

「習慣力」がつけば、人生が変わる

石の上にも三年ということわざがあるように、たゆまずに物事を続けることの大切さは、誰もが知っているだろう。

そして同時に、心のどこかで「でもやっぱり大変だよなあ」とゲンナリしてはいないだろうか。

確かに、以前は「継続しろ」とは言われても「こうすれば継続できる」と教えてくれることは少なかった。根性がないとか、やり遂げられないのは飽きっぽい性格や能力の不足のせいだ、で片付けられてたのである。

だが最近では、継続できない理由が分析され、行動を習慣化するためのロジカルな手法もいろいろと編み出されつつある。

これまでなにかと計画倒れに終わってきた人も、諦めるのはまだ早い。無理せず継続するコツ…「習慣力」を身につければ、仕事のやり方や毎日の生活は大きく変わるのだ。

「習慣力」を身につけて、やり遂げられる人になれ！

このパターンを抜け出したい！
計画は悪くないのにねえ
いつも、続けるのが彼女は苦手なのよね

ここがポイント！ あなたは習慣を誤解していないか？

第１章の冒頭で、遅刻せずに会社に行く＝無意識に計画どおりの行動ができているということだ、という例を挙げた。

日々意識せずともでき、特別な努力や苦労を強いられている気分でもない。この、肩肘張らずに無意識にできている状態こそが「習慣化」の成功例だ。

「習慣」に対する漠然としたイメージ

- 強い意志が必要
- 苦痛・ストレスフル
- できる人は限られている

正しい「習慣」とは

- 無意識にできる
- ストレス・労力が少ない
- 多かれ少なかれ、誰もがやっている

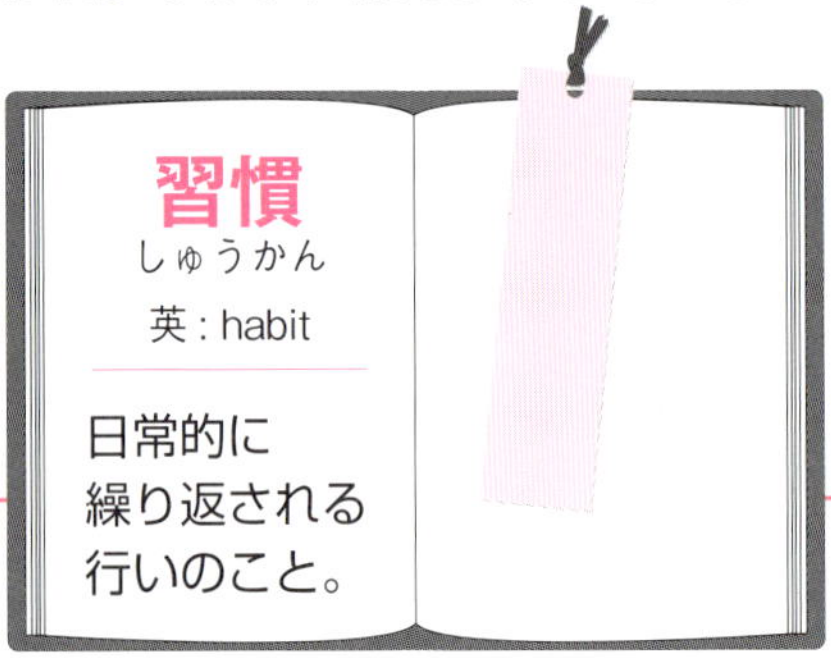
習慣
しゅうかん
英：habit
日常的に
繰り返される
行いのこと。

スキルアップのコツ

「ラクをする」のは悪いことじゃない

最近は減ったと思うが、昔の新人はよく「ラクをしようと思うな！」と叱られて、しょんぼりしたものだ。

この「ラク」を手抜きや怠慢と解釈してしまったら、それは確かによくないことなのだが、実際には「ラクにやる」ことには多くのメリットがある。

まず、取り組むことにストレスを感じずに済むし、難易度が低ければ成功率も高まる。当然、生産性だって挙がるだろう。すなわち「ラク＝効率がいい」ということでもあるのだ。

習慣力とは「意識しなくても続けられるくらいラクにやり遂げる力」のことだ。ぜひ強化して、日々の業務をラクにこなしたいものである。

「ラクさの追求」は、ポジティブな上昇スパイラルを生む

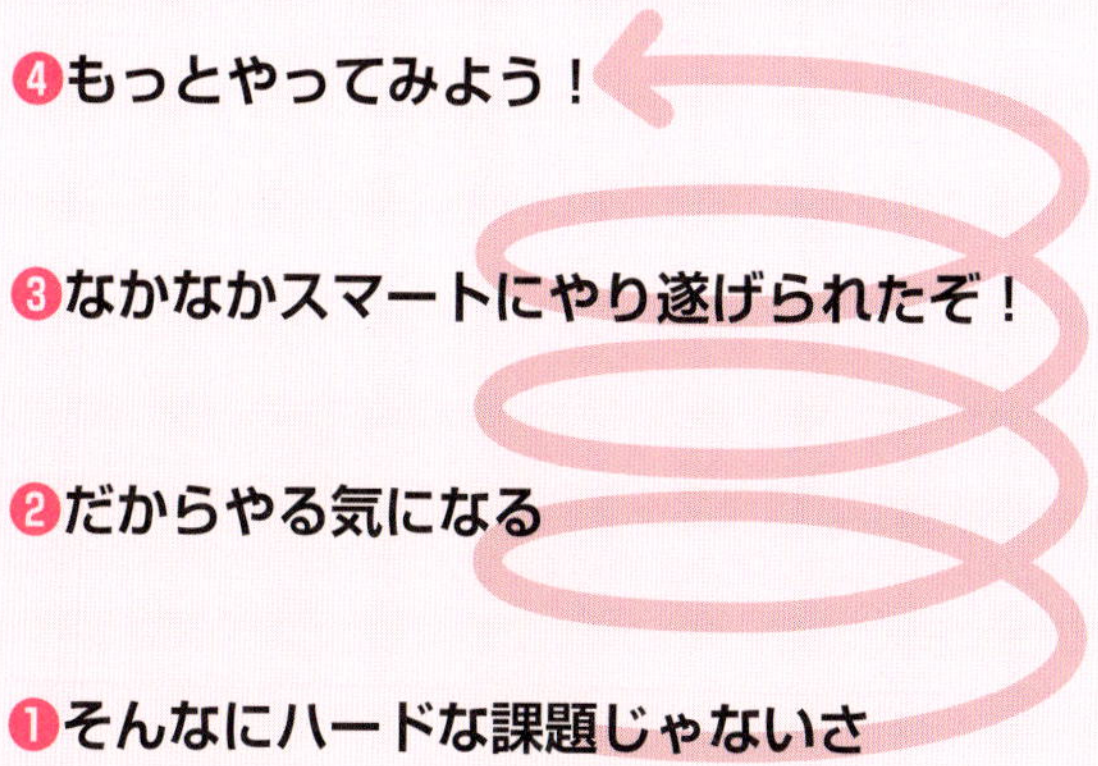
❹もっとやってみよう！
❸なかなかスマートにやり遂げられたぞ！
❷だからやる気になる
❶そんなにハードな課題じゃないさ

② 習慣力を強くする〈その1〉
本能の動きを知る

イレギュラーを嫌うのは、人間の本能

物理の授業でおなじみの「慣性の法則」というものがある。止まっている物は、新たな力を加えなければ、そのまま止まり続けるし、動いている物体は、制止の力を加わらなければ、そのまま動き続ける、という法則だ。

これは物質に関わる法則だが、実はこの「外部環境に関わらず、現状を維持しようとする傾向」は、人の脳や心にも見うけられる。これを「心のホメオスタシス（生体恒常性）」という。

未経験なことには腰が引けるし、課題を前にすれば面倒だなあと考える。イレギュラーなでき事を敬遠する気持ちは、誰にでもあるのではないだろうか。

そして実はこの「イレギュラーを嫌う傾向」こそが、新たな物事や目標に向かってコツコツやる気持ちを阻んでいるのだ。

良いことも悪いことも 脳は「変化」と受けとめる

計画倒れや三日坊主の最たる例として挙げられる物事に、ダイエットがある。

やせてキレイになりたい、健康になりたいというのは実にまっとうな目標だし、こうすれば成功する！というノウハウも百花繚乱。

その中からあなたは、やせる根拠がロジカルに解説された説得力のある方法を選んだ。

これは「計画力」の項で挙げた条件に従うと、正しいダイエット計画が立ったということだ。ならば、忠実に実行できればやせられるはずなのだ。なのに実際には、ほとんどの人が失敗に終わってしまう。

その時、人の脳がどう働いているかというと、どうやら「今の状態から変わらなくちゃいけないの？」と考えているらしい。

「太っている今」「努力していない今」を常態としている脳は、良い方向へ向かおうとする行為ですら「変化はいや、今までどおりでいい」と反発する。これが、ダイエット計画を失敗させる大きな要因というわけだ。

ダイエットが失敗するのは「本能の反発」のせい

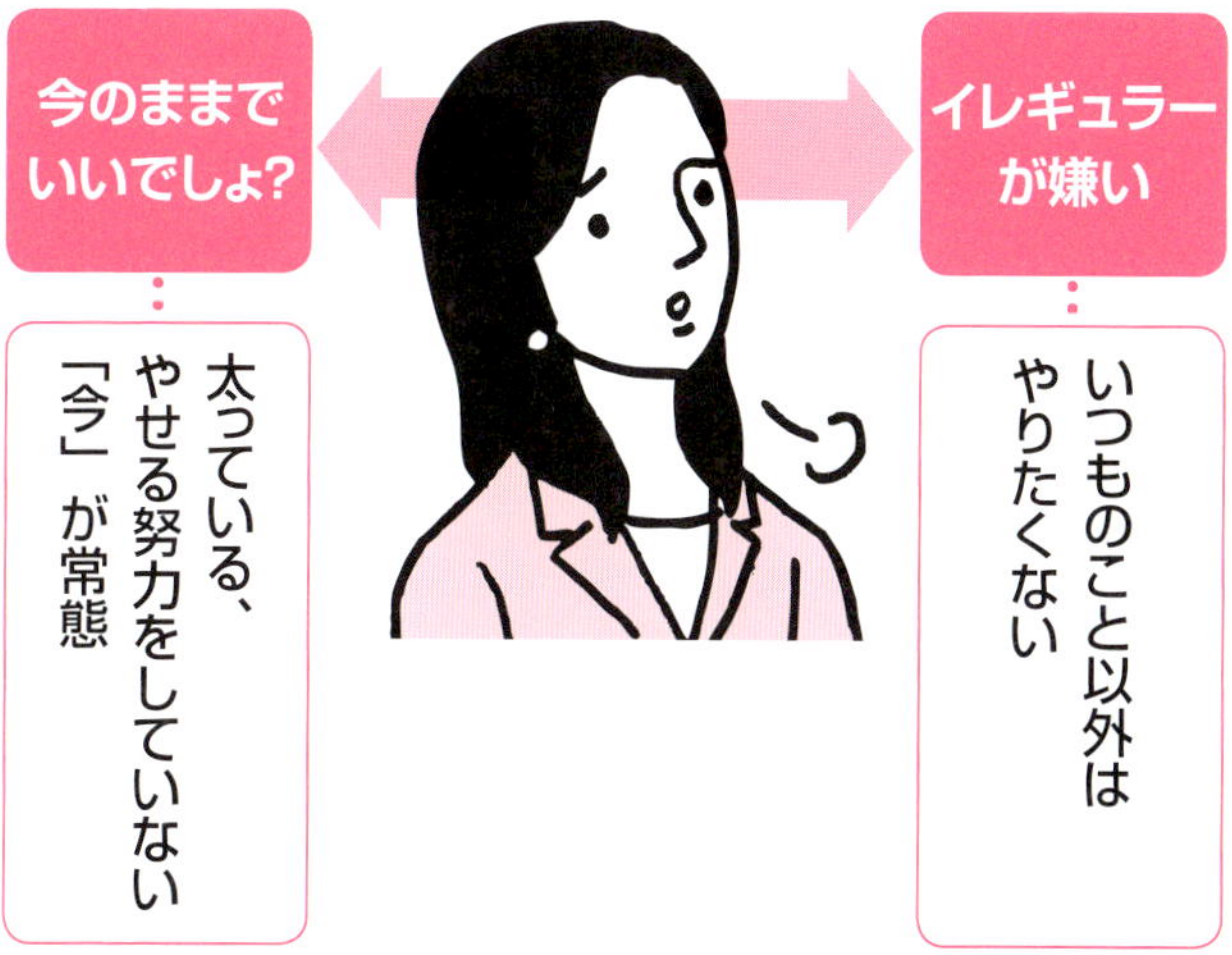
今のままでいいでしょ?
太っている、やせる努力をしていない「今」が常態
イレギュラーが嫌い
いつものこと以外はやりたくない

ここがポイント!

良い習慣を阻害する2つの本能

続けられない人の中では、2つの本能が、やる気を阻害している。1つは「変化することへの抵抗感」であり、もう1つは今までどおりがいいという「現状維持の欲求」だ。この葛藤と、いかに折り合いをつけるかが「習慣力」強化のポイントになる。

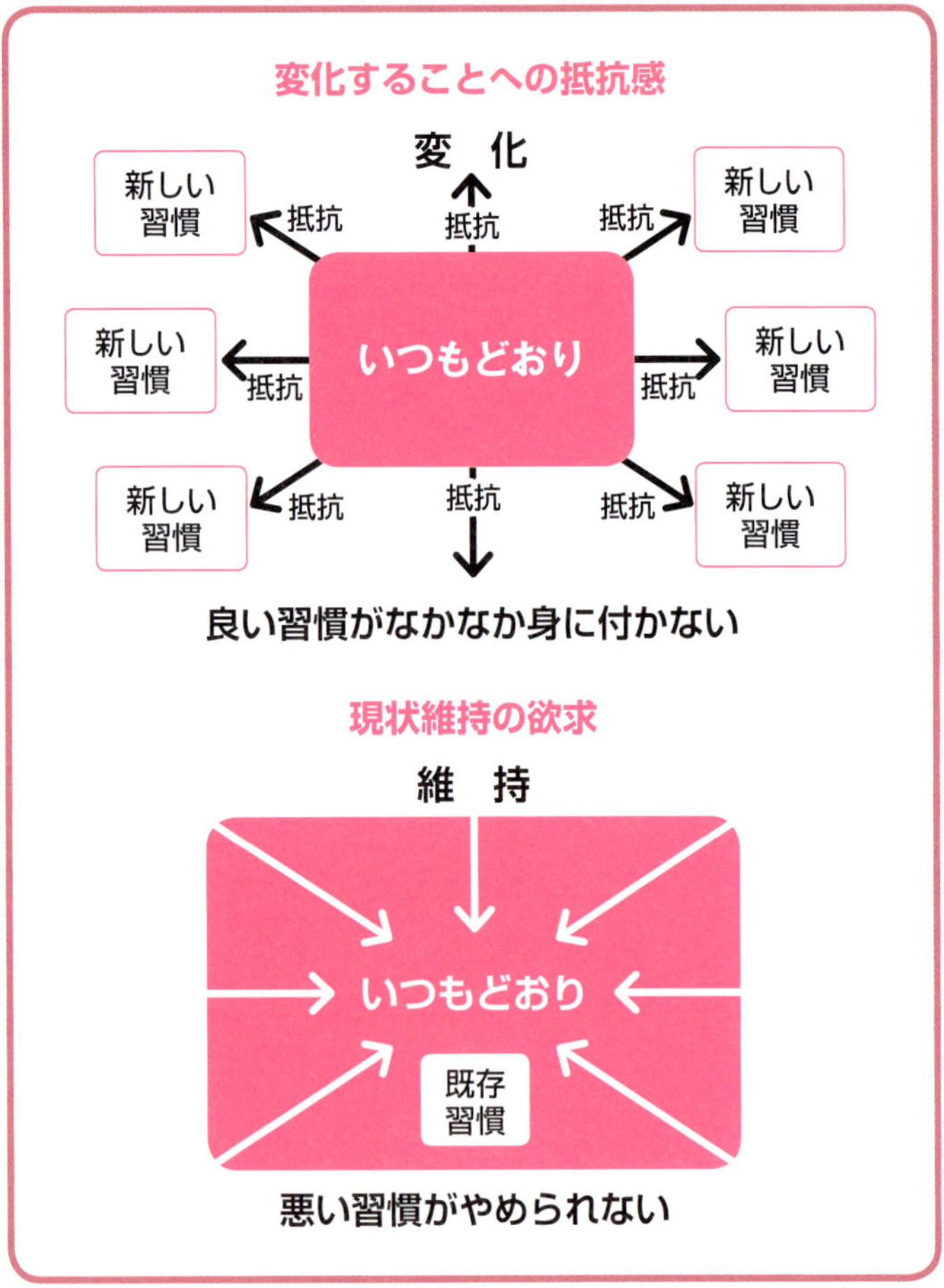

変化することへの抵抗感
変　化
新しい習慣
抵抗
いつもどおり
良い習慣がなかなか身に付かない
現状維持の欲求
維　持
いつもどおり
既存習慣
悪い習慣がやめられない

スキルアップのコツ

本能をだませば ラクに習慣化できる

変化を嫌い、現状維持しようとするのが本能だとしたら、それに抗うのは難しいのでは…と、あなたは思うかもしれない。しかし逆に考えてみよう。たとえばダイエットの場合は「やせたいのになにもしていない」という悪い状態が、現時点でのいつもどおりなのが問題だ。

　ここをどうにかして、「キレイになるためにダイエットに取り組んでいる状態」がいつもどおりの自分であると、脳に認識させることができたらどうだろう？ 日々の努力は「いつものこと」になるはずだ。

　本能を「いい意味でだます」ことができたら、習慣化はたやすい。

いい状態がいつもの習慣になれば、生活は変わる

走っているのがいつもの自分
走ることは特別なことじゃない！

3 習慣力を強くする〈その2〉
行動の意味を知る

脳・心・体はつながっている

なにを当たり前な、と思われるかもしれないが、改めて考えてみよう。

あなたはとある会議の進行役を務めている。緊張感のせいか参加者はみな顔を伏せがちで、どうも活発な意見が出てこない。

そんな停滞した場の雰囲気を変えたいと思ったあなたは「よし、じゃあ3分間休憩にしましょう。ちょっと気分をリラックスさせてください」と言ってみた。

すると参加者は思い思いに、深呼吸をしたり、伸びをしたりし始めた。イスから立ち上がって屈伸している人もいる。

あなたがオーダーしたのは「気分をリラックスさせること」だったはずだが、それに対するみんなの反応は「体を動かすこと」だった。ロジックはわからないながらも、リラックスしたければ体を動かせばいい、ということを誰もが知っているのだ。

これは、感情や心といった目には見えないものが、体および行動という見えるものとつながっている、ということを示す一例だ。

行動が、脳や心をリードする

似たような例に、ちょっと前にニュースになった、あるベンチャー企業の逸話がある。

この会社では、毎日の朝礼で、社員全員で「大声で笑う」のだそうだ。

ここで興味深いのは、実際に楽しい気分かどうかは関係ないという点だ。

とにかく笑い声をあげ、おなかをかかえて笑う真似をしているうちに、なぜか自然と愉快な気持ちになって本気で笑い出し、朝からみんなのテンションが上がる。その結果、会社の業績が大幅に伸びたというので、話題になったのである。

これは、感情や心は、体（行動）に引っ張られて変化する、という好例だが、ならばこう考えることもできるはずだ。

「なりたい気持ちをイメージした行動を取れば、本当にその気持ちになれる」と。

気分を前向きにしてくれる行動を心がけよう

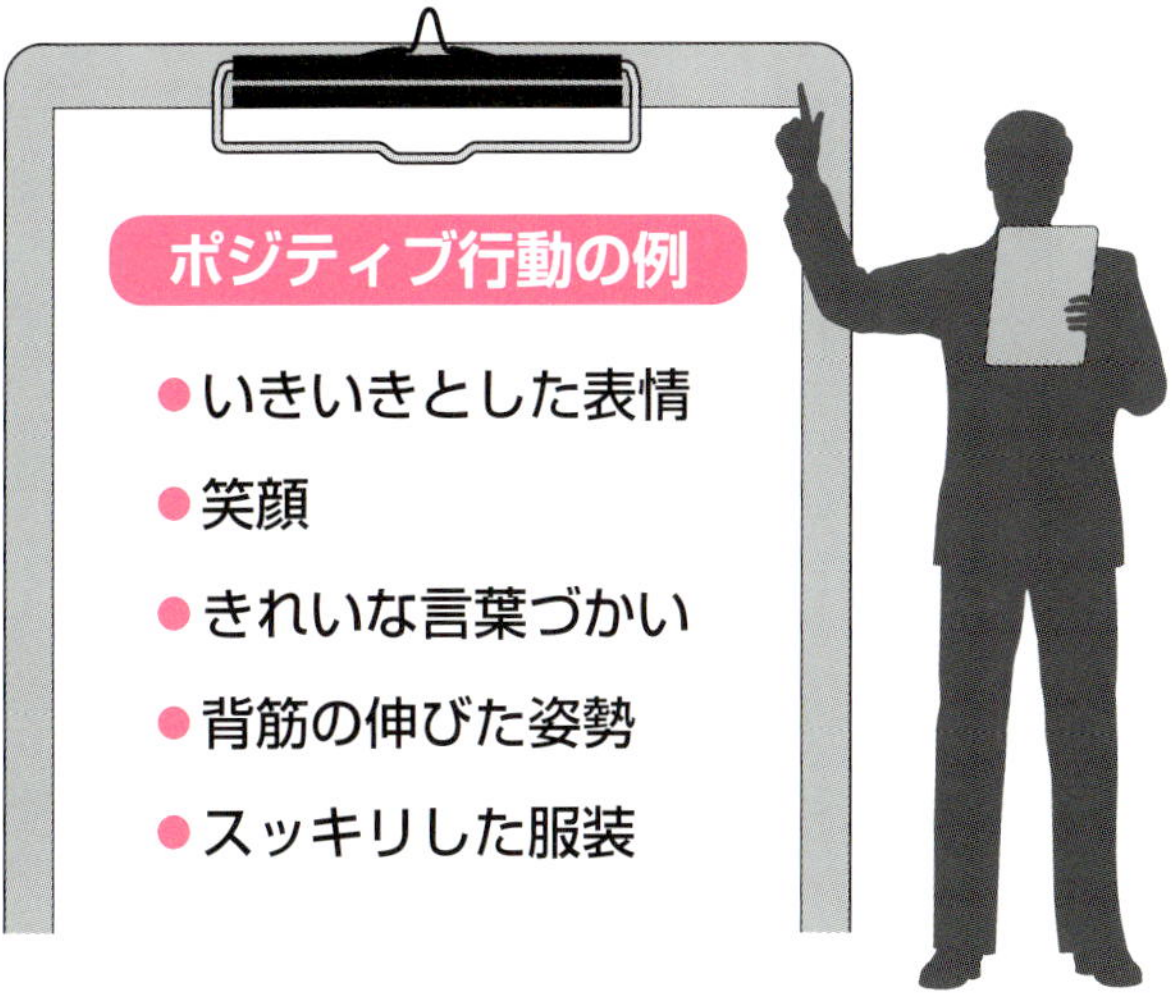
ポジティブ行動の例
●いきいきとした表情
●笑顔
●きれいな言葉づかい
●背筋の伸びた姿勢
●スッキリした服装

ここがポイント!

ポジティブな気分へと導く４つの身体表現

道行く人を見て、ああ素敵な人だなと思う時は、顔立ちよりもその姿勢に目を引き寄せられていることが多い。伸びた背筋や誇らしげにあげた顔、いきいきとした表情からにじみでる颯爽とした雰囲気が、その人を魅力的に見せているのだ。

1 姿勢

背筋を伸ばし、顔をあげる。歩く時、歩幅・腕の振りを意識的にちょっと大きくすると、腰骨が伸びて颯爽とした印象になる。

2 表情

口角をあげて笑顔を心がける。目は口ほどに物を言うものだから、眉をひそめる、目をすがめるなどの険のある表情は、自分にも周りにもよい影響を与えない。

3 動作

所作は静かに、ゆっくりとが基本。落ち着きや自信を演出してくれる。

ドアや引き出しを開け閉めする時大きな音をたてる人、足音や咀嚼音がうるさい人は、しつけが悪いと思われてしまう。

4 言葉・声

言葉遣いは丁寧に、やさしく。あまりに回りくどいのも困るが、乱暴な物言いは問題外。

声質や高い低いはあるにしても、話す時のトーンを穏やかにすることは、トレーニングすればできる。

TIPS

スキルアップのコツ

「自分の姿勢」を写メって見れば…？

最近の若者は「自分撮り」が大好きなのだそうだ。当然、撮る時はかっこいいポーズをとり、いい表情を意識していることだろう。

ところが、他の人が撮った写真に偶然写った自分を見ると、えてして「なにこれ!?」となりがちである。猫背だったり、頬杖をついていたり、とてもじゃないが素敵な人には見えない…ということが、とても多いのだ。

これを直し、ポジティブな気分を引き寄せるためには、まず自分がどんな姿勢で仕事や食事をしているか、身近な人にこっそり撮影してもらおう。たとえ衝撃的な姿であっても、撮影者を恨んだりはしないこと。

4 習慣力を強くする〈その3〉感動の効果を知る

感動は心の栄養だ

本や映画のキャッチコピーで、最近よく見かけるのが「泣ける！」という言葉だ。この場合、ほとんどの作品は「感動作」であると訴えたいのであり、単に悲しいストーリーだから泣けると書いているわけではない。

いずれにしても「泣ける！」のコピーが多くの動員・売上げにつながる以上、世の中の多くの人は「感動したい！　感動させて！」と期待している、ということになる。

ということは、多くの人にとって「感動」は積極的に味わいたいもの…心にとっての栄養であり、ごちそうなのだ。

感動の、3つの大きな方向性

辞書で「感動」を引いてみると「ある物事に深い感銘を受けて強く心を動かされること」とある。確かにそうだ、しかし随分ふわっとした解説だな、と思わないだろうか。

こうした感慨を抱くのは、あなたがこれまで多くの感動を経験しているが故だ。「ある物事」がどのような性質なのかによって、感動にもいろいろな方向性があるということを、なんとなくわかっているのだ。

そこで本項では、特に「習慣力」に関わりが深そうな3つの方向性で、感動を分類してみようと思う。

①自己肯定型の感動

目標が達成されたことにより、苦しい状況（緊張している、通常以上に努力しているなどプレッシャー下にある状況）から開放された、心地よい状態。達成感、万能感など、自らを肯定する感動。

・**自分の能力や努力への満足感**
・**より大きなものに挑む意欲**
・**やれる、やり遂げたという自信など**

②視野拡大型の感動

これまで知らなかった、新たな経験や価値観と出会い、衝撃を受けた状態。自分に新たな知識や経験が加わり、世界が広がったことに起因するため、ポジティブな物事だけでなくネガティブな物事であっても味わう感動。

・**視野や興味の拡大**
・**発想の転換（コペルニクス的転回、パラダイムシフト）など**

③他者受容型の感動

不安や不快、孤独、苦痛などの状態が、他者の力（物理的な援助だけでなく、思いやり、言葉などだけでもよい）によって開放・軽減した時に味わう感動。

・**愛情や信頼の実感**
・**他者との関係改善など**

この他、自らは到達・獲得しえない世界に挑む他者に、自らの気持ちを重ねる「**感情移入型の感動**」なども、おなじみだろう。

ここがポイント!

感動は「習慣力」の習得を助ける

前ページで解説したとおり、感動は人の心にとって最高の「ごほうび（報償）」だ。タイミングよく味わう感動は、やる気を奮い立たせる力強い推進力になりうる。挫折しそうになった時には心の支えに、大きなテーマ・難題に挑む時には、モチベーションを高める助けになったりするのだ。

感動を味わうことで、人は意欲を継続することができる

もうダメだ…
がっくり
最近がんばっているね！
もう少しがんばってみよう！

感動を上手に利用すれば、習慣力を身につけられる

TIPS

スキルアップのコツ

感動の源である「感情」とはどんなものか？

心理学者のR・プルチックは、下図のように32種類の感情分類を提唱したが、その基本は、驚き（surprise）、喜び（happiness）、怒り（anger）、恐怖（fear）、悲しみ（sadness）、嫌悪（disgust）であるとして「基本6感情」と呼んだ。またプルチックは、単純感情であっても、その中には他の感情が複雑に入り混じった「混合感情」だとも言っている。

感動はもちろん、ネガティブな感情であっても、私たちの心や行動には強い影響を与える。

できることなら、前向きな取り組みの時には、ポジティブな感情を抱いて努力したいモノだ。

ロバート・プルチックによる感情分類

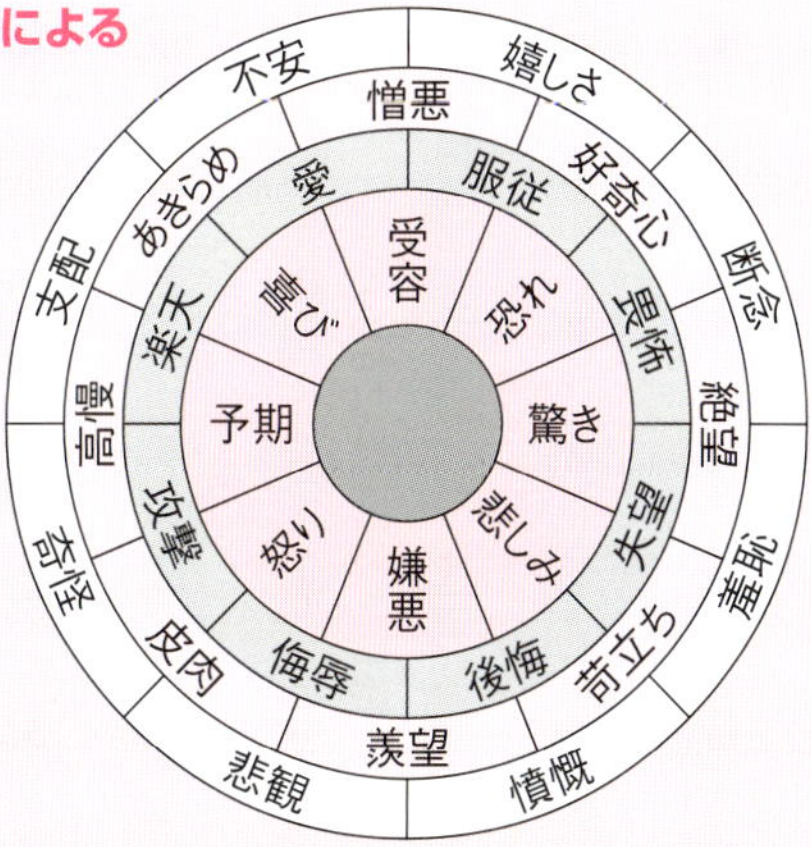

⑤ 本能×行動×感動を連動させて「習慣力」を強くする

☑ 3つの要素は、歯車のようなもの

本章で説明してきた、本能・行動・感動は、いずれも「習慣力」を身につけるために欠かせない要素だ。

これら3つの要素は、お互いに切っても切れない関係であり、どれかひとつが動き出すと、連動し合って回転しはじめる。

しかも、一定の回転数に達した後は、特にパワーを加えなくとも、安定してなめらかに回り続けるという、いわば互いが「歯車」でありかつ「潤滑油」のような関係なのだ。

この、一定の回転数に達した状態というのが、「習慣化に成功した状態」である。

無理がなく（ラクに）、安定しており（継続しやすく）、しかも高速で回転している（効率がよい）という状態が、いかにすばらしいかは想像に難くないだろう。

では、どうすればこの3要素を活用して「習慣力」を強化できるのか。そのロジックと、具体的な実践方法については、第4章「習慣力を強くする9つのフェーズ」で詳しく解説するが、この歯車のイメージ（次ページ）については、ぜひアタマの隅に留めおいてほしい。「なるほどこのフェーズは、本能を利用しているのか」等、イメージしながら読むと、納得感が違うはずだ。

「小さな習慣」は、より大きな「習慣」につながる

ところで歯車というのは、基本的に、力を伝達するためのものだ。小さな歯車を動かすことで、より大きな歯車を、少ないパワーで回転させることができる。

そして実は「習慣」にも、これに似た性質がある。ごくささやかなことであっても、習慣化に成功して喜びを得ると、次はもう少し大きなことに挑戦してみようという気持ちになるからだ。

ビジネスやスポーツで大きな成功をおさめた人の転機が、掃除やあいさつといったささやかな習慣づけだった、というサクセスストーリーは、世間にたくさんある。

「習慣化」に欠かせない３つの歯車

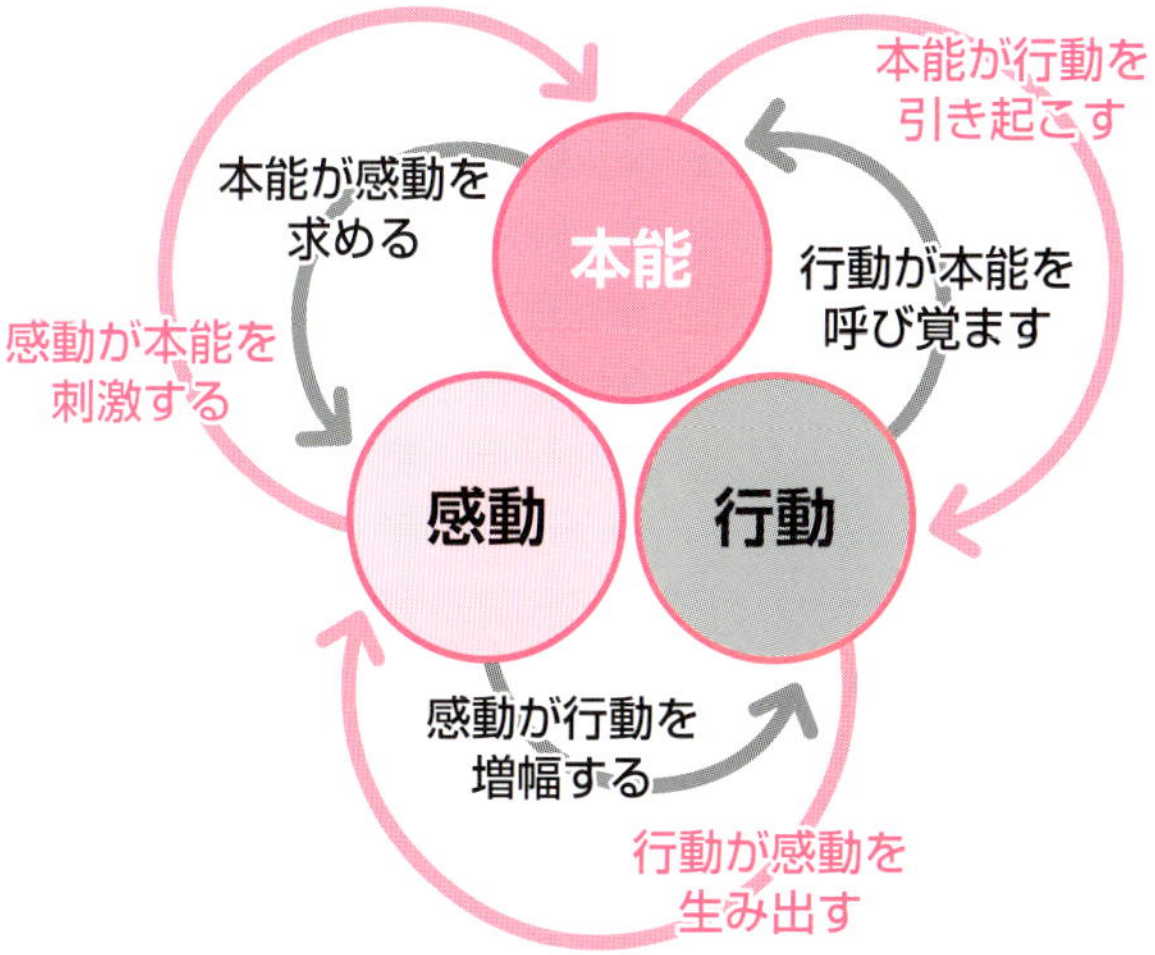
本能が行動を
引き起こす
本能が感動を
求める
本能
行動が本能を
呼び覚ます
感動が本能を
刺激する
感動
行動
感動が行動を
増幅する
行動が感動を
生み出す

ここがポイント!

すぐに効果の出る習慣と長い目で見るべき習慣

自分がどんな習慣を身につけたいか、と考える時、留意しなくてはいけないのが「時間」の感覚だ。「毎日掃除する」「早起きする」といったテーマならば比較的早く結果が確かめられるが、「運動で健康づくり」だったら、その習慣が良い結果をもたらすかは、年単位で見ないとわからないだろう。

「習慣」の結果が出るまでにかかる時間を意識しよう

ショートスパン習慣の例

- １日５分清掃
- 早起き　など

魅力
日常的な習慣は、速やかに結果が出て、達成感を得やすい

ミドルスパン習慣の例

- ダイエット
- 資格取得のための勉強　など

魅力
自己改革系の習慣は、やりがいと達成感のバランスがいい

ロングスパン習慣の例

- 健康づくりのための運動
- 人間性を豊かにするための読書　など

魅力
自己投資的なテーマは長い時間がかかるが、満足度が大きい

習慣には、即効性のある**「ショートスパンの習慣」**もあるし、じっくり取り組むべき**「ロングスパンの習慣」**もあるのだ。

TIPS

スキルアップのコツ

できる人がやっている3つのショートスパン習慣

ビジネス書の多くには「できる人はこれをやっている」的なフレーズが使われている。

「これ」の内容は無数にあって、とてもすべては把握しきれないが、最近多くの本で挙げられている定番をいくつか紹介してみよう。

①早起き
②掃除・整理整頓
③ＴｏＤｏリストをつくる

なぜこの3つが、多くのビジネス書に取り上げられているのかと考えるに、これらはすべて「時間」に関わる習慣だからではないだろうか。

①早起きをすれば、当然時間にゆとりが生まれる。

②掃除や整理整頓は、オフィスにおいては仕事の道具や資料を探す時間を削減し、すぐに使える状態を保つという意味合いが強いだろう。

③ＴｏＤｏリストも掃除と似ていて、自らの業務を整理して、迷ったり忘れたりという時間のロスを防ぐことができるのが大きなメリットである。

同時にこれらはいずれも、かなりの即効性が見込める「ショートスパン習慣」なのが魅力だ。

どんなに効果や満足度が高いことでも、時間がかかりすぎるとそそられないのが人間なのである。

Column

万葉の昔から伝わる心

日本は「ことだま」の国

万葉集に収められた柿本《かきのもとの》人麻呂《ひとまろ》の歌に「敷島の 大和《やまと》の国は言霊《ことだま》の幸《さき》はふ国ぞ ま福《さき》くありこそ」というものがある。

「日本 は言霊の国。言葉にしたことは本当になると私は信じています。だからあなたの幸せを、祈るだけでなく、歌にして伝えますよ」というような意味になるだろうか。

これとは逆に「忌み言葉」というのもあって、河原に茂る葦を「アシ→悪し」に通じるのを嫌って「ヨシ→良し」と呼んだりする。

要するに、良い言葉には良い力が、悪い言葉には悪い力が宿る、という感覚が、我々の DNA には脈々と受け継がれているのだ。

さらにいえば「こと」は「事」にも通じ、言葉だけでなく事象・行動にも同じ力がある、とされている。このあたり、行動や言葉で自分をポジティブにしようという第 3 章の内容に通じるとは思わないだろうか？

日頃から言葉づかいが汚い人、ネガティブな言動をとっている人は、自らに悪い呪縛をかけ続けているようなもの。どうせ同じ時間・人生を生きるなら、美しい言葉、ポジティブな言動で、自らにいいパワーを引き寄せるよう努力したい。

第4章

習慣力を強くする9つのフェーズ

① フェーズ1
「残念な自分」を認める

これまでの失敗経験が、あなたの可能性を狭めている

第3章では「習慣とはどんな状態のことで、どんな心身のメカニズムに基づいているか」ということを説明した。

これを踏まえて、第4章では「どうすれば〝習慣力〟を身につけることができるか」について、詳しく紹介していきたい。

ここで思い出してほしいのは、あなたがこれまで、どれほどの計画を達成できずに終わってきたか、ということだ。

ダイエット、禁煙、節約、遅刻ぐせ、営業目標。大なり小なりの計画を立てては、やり遂げられずに終わったことがない人など、ほとんどいないのではないだろうか。

「習慣力」を強化するには、この失敗経験というのが厄介だ。三日坊主に終わったり、ちょっと成果を得たのに、継続できずに前より悪化した…などの苦い経験が多い人ほど、「自分は計画を立ててもやり遂げられない、習慣力の乏しい人間だ」という苦手意識にとらわれてしまうからだ。

その結果、「何かに挑戦してみよう！」という意欲が乏しくなり、あなたの可能性をさらに狭めてしまうことになる。まずは、この苦手意識をリセットしなくてはいけない。

☑ 最初の一歩は「本気の危機感」
今の自分がどれほど残念かを認識しよう

苦手意識のリセットといいながら、最初にするのが「今の自分がどれほどまずい状況にあるかを考えてみる」というのは、きついオーダーに思えるかもしれない。

しかし、ここで現状認識を怠って「なんとなくそうなれたらいいな」程度の気持ちでは、人は本気で動けないのだ。逆に言えば、**自分の現状への不満が大きければ大きいほど、どうにかしたい**、という欲求は強くなる。

人間というのは、見たくない現実は見えなくなるという、自らに甘い生き物だが、ここをあえて、本気の危機感をもって見つめることが、自分を変える最初の一歩だ。

こんな人は「本気度が足りない」

やせたいな～
5キロやせたら
オシャレも楽しそう
でも運動は
めんどくさいな
そういえば最近
ポッチャリ女子が
人気だっていうし…

ここがポイント!

なにが問題なのか？放置するとどうなるか？

人の心と体は連動している。ただ考えるよりも行動した方が結果として心に刻まれるし、目に見える形になると、内容のインパクトはさらに強まる。

そこで「自分が直したい問題点は何か、そのまま放置したらどうなるか」を、どんどん書き出してみよう。

問題リストアップシートを活用する

直面している問題は？

....

....

....

〔近い将来のリスク〕

- ....
- ....
- ....

〔いずれ訪れるリスク〕

- ....
- ....
- ....

ダイエットや禁煙といった日常的な問題から、営業成績が伸びない、といったビジネス上の悩みまで、幅広く使えるシートだ。

TIPS

スキルアップのコツ

ギャップが大きいほど本気になれる

右のシートを利用すると、あなたがいま不満に感じている問題と、将来の自分に及ぼす悪影響がはっきりと見えてくるはずだ。

ぼんやり感じていた不満や不安が、目に見える形になったことで、俄然「このままじゃまずい！」という危機感に変わったのではないだろうか？

また「こんなにまずい状況なら、努力するだけ無駄」と思ってしまった人も、諦めないでほしい。

「現実と理想にギャップがある＝ギャップがあるからこそ本気になれる」と前向きにとらえよう。いまの問題の解決は、すなわち未来をよく変えるということなのだから。

現実と理想が乖離するほど本気度が高まると、前向きに捉えよう

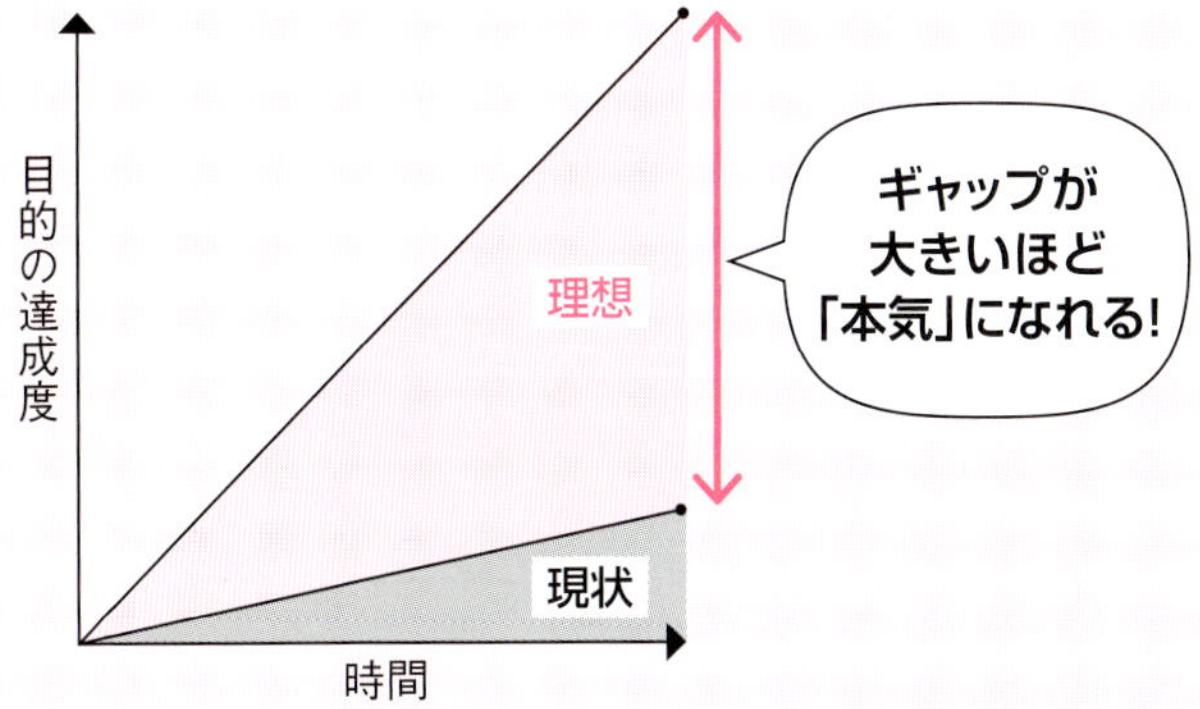

② フェーズ2 「なりたい自分」をイメージする

ダメな自分を抜け出してどうなりたいかを思い描く

フェーズ1が「現状を見つめる厳しい工程」だとすれば、フェーズ2は「理想の自分をイメージする楽しい工程」だ。

フェーズ1でリストアップした残念な現状を踏まえて、次のようなことを考えてみよう。

①　なら、どんなふうになりたい?
②　そうなれたら、どんなメリットがある?
③　そうなったら、周りはどう評価してくれる?

とことんポジティブに想像し、フェーズ1同様に書き出してみよう。

想像は、脳天気なぐらいポジティブにけれど具体的に

フェーズ1が厳しかっただけに、そんなイージーな考えでいいのか、と思われるかもしれないが、このフェーズ2の目的は「もっとよくなりたい」という気持ちを増幅することにある。

ここで想像した未来の自分のイメージは、要するに「あなたがそうなりたい理由」、そのものだ。

未来の自分と、そうなった後の暮らしのイメージが素晴らしければ素晴らしいほど、「こうなりたい！」という気持ちは強くなっていくだろう。

さらに、想像は具体的であるほうがいい。単に「やせたら素敵になれる」というよりも「やせたら、あの服が着られる」と狙いを定めてみるとか、雑誌の切り抜きや、ショーウィンドウで撮った写真などを貼り付けてみれば、さらにいいだろう。

風が吹けば桶屋が儲かるのことわざではないが、ひとたび現状が変われば、そこから先の変化は芋づる式だ。連想ゲームのように、自分がよくなっていくイメージをふくらませてみよう。

想像するなら、思い切りポジティブに！

もしあと5キロやせたら…
職場のみんなもびっくりするぞ
お客様とも自信をもって渡り合えそう
憧れのあのスーツが着られる
髪型だって気合いいれなくちゃ

ここがポイント!

誰よりも自分が、自分を肯定してあげよう

「理想の自分のイメージ」も、前項で自分の問題点を見つめたのと同様のやり方で、どんどん書き出してみよう。書き出すことで、なりたい自分のイメージはよりはっきりとしたものになる。118ページで紹介した問題リストアップシートに倣い、まずは書き込みシートを作成しよう。

連想式ポジティブイメージシート

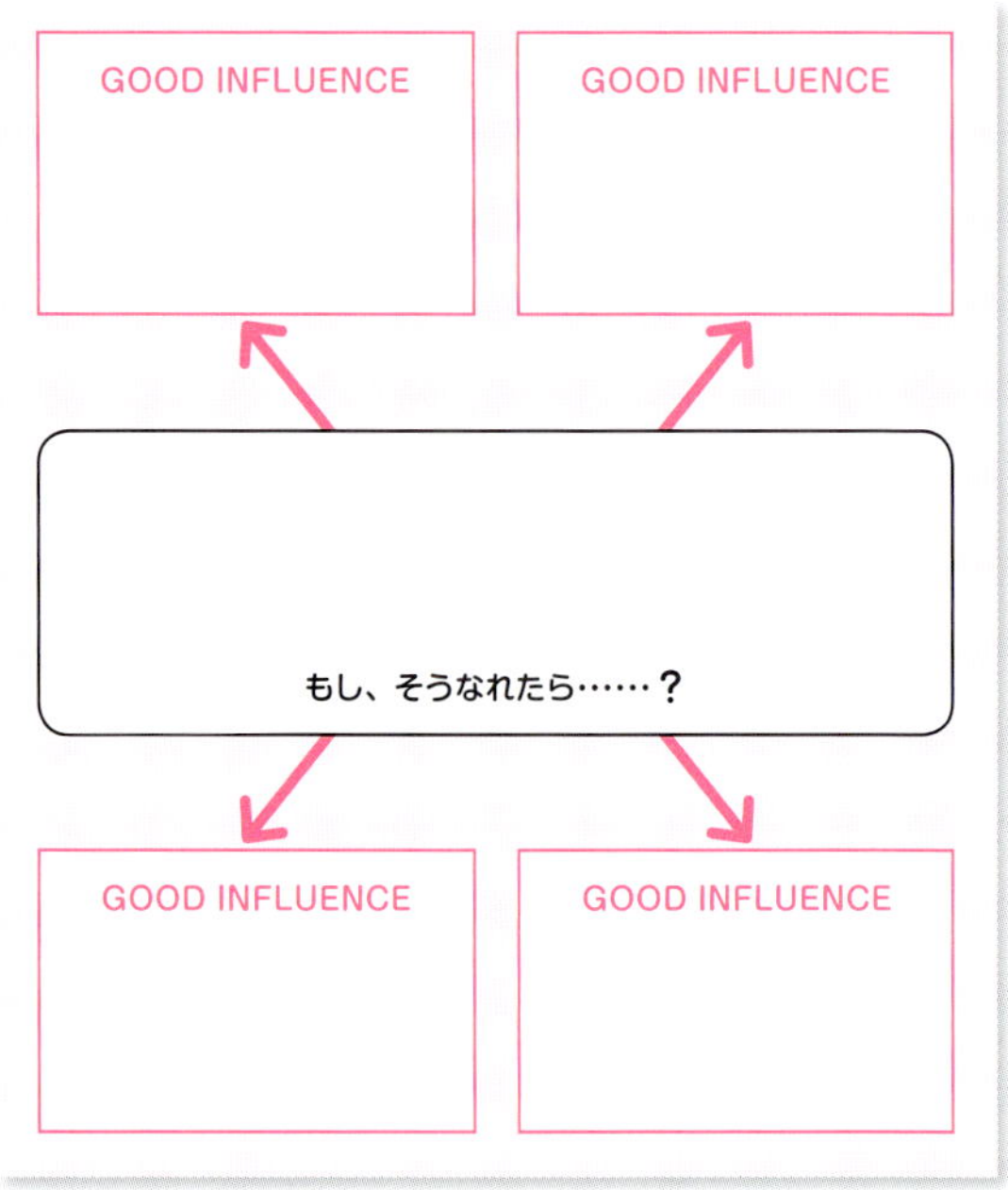

GOOD INFLUENCE
GOOD INFLUENCE
もし、そうなれたら……?
GOOD INFLUENCE
GOOD INFLUENCE

こうしたポジティブなイメージでいっぱいのシートを他人が見たら「調子よすぎるんじゃない?」と言われるかもしれない。けれど、これはあなたが、あなたのより良い姿をめざすためにつくるシートだ。自己否定など必要ない。どんどん自らを肯定してあげよう。

TIPS

スキルアップのコツ

想像力を鍛えるデイリートレーニング

「計画力」の項でも紹介したように、超一流のアスリートたちが書いた幼い頃の作文には、極めて具体的な「未来の自分のイメージ」が描かれていた。

どういう作文かは、検索すればすぐに読むことができるが、驚くのはその「成功後のビジョン」の、スケールの大きさと詳細さだ。あのチームにドラフト1位入団、契約金は1億円以上ほしい。世界のトップリーグで活躍し、年俸40億稼ぐ…etc. この夢を、あなたは子どもっぽいと笑うだろうか?

想像力豊かな子どもだった彼らは、大人になったいま、夢を現実のものにしているのだ。

通勤中にできる「想像力トレーニング」

① 「いつものルート」を意図的に変えてみる

②電車の窓から見えた「気になる看板」の店を探して歩いてみる

③ラジオを聴いて「その情景・状況」を思い描く

③ フェーズ3 「よくなるぞ！」と覚悟を固める

強い「覚悟」が憧れを現実に引き寄せる

フェーズ3のテーマは「覚悟」だ。

フェーズ1で痛感した「残念な自分」から脱却したいと願い、フェーズ2でふくらませた「ポジティブなイメージ」を現実のものにするためには、「こんなふうになりたい」というふわっとした気持ちから「絶対にこうなってみせる！」という決意・覚悟へのシフトが必要なのだ。

この時点で「もう大丈夫、覚悟はできてる！」と思っている人にも改めて知っておいてほしいのだが「覚悟」という言葉は、そもそもが、危険や不利、困難なことを予想し、それを受けとめる心構えをすること、という意味をもっている。

あなたがこれまで幾度も挫折してきた、続けられない・やり遂げられないという失敗経験をリセットし、良い習慣を身につけるために、「本気でやる＝やりきるまでやめない」と意を決する。それが「覚悟」だということを理解したうえで次に進んでほしい。

外堀・逃げ道は、人に塞いでもらえ

とはいえ、自分ひとりの意志の力で、この覚悟を貫けるようなら、最初から苦労はしていないよ、という話だ。

そんな時、どうすればいいか。答えは簡単、**ひとりで無理なら、他人の目やプレッシャーを利用**してしまえばいいのだ。

> ①「自分は絶対にこうなる!」と紙に書く（覚悟を再確認し）
> ②他の人に言う・他の人に見えるところに貼り出す（宣言して）
> ③他の人が知っているのだから、やり通せなくちゃ恥ずかしい、という見栄やプライドを利用する（退路を塞ぐ）

25ページで紹介した「有言実行」のTIPSは、ここでも応用できる。

ここが
ポイント!

「他者の視線・評価」は向上心の源

どんなにゴーイングマイウェイを気取っている人でも、内心では周りが自分をどう見て、どう評価しているかは、気になっているものだ。それは社会的な生き物である人間の本能である。適した人に「宣言」することで、覚悟をより強く固めよう。

「宣言する相手」は正しく選ぼう

適した人選

- 自分が評価されたい人
- 憧れている人
- 身近で変化に気づいてくれる人

適さない人選

- あまりレベルが変わらない（または低い）人
- なかなか顔を合わせられない人
- 皮肉っぽくて人の熱意に水を差すタイプ

TIPS

スキルアップのコツ

「毎朝、声に出す」ことの効果

本書ではここまで随所で、「書いて見える化しよう」という提案を繰り返してきた。これは「視覚」を刺激すると、自らの深層意識に良いイメージ・具体的な未来像を刷り込むことができるためだ。

さらにここでは「声」の効果を紹介する。フェーズ3で決めた「覚悟」を、あなたは毎朝、声に出して読み上げてほしい。大きな声なら、なおよいだろう。

大声を出すという行為には、脳内の雑念を払いのける効果がある。

また続かないんじゃないかという不安、こんなふうに苦労しているのを見られるのは恥ずかしいという照れなど、あなたの気持ちや行動をしばろうとする雑念を、大きな声で吹き飛ばし、自分の決意の固さを再確認することから、1日を始めるのだ。

スポーツ選手が試合で発する「気合い」も、これと同じ効果を期待している。自らの実力を存分に引き出すために、不安や緊張を声に出してねじ伏せているのだ。

④ フェーズ4 よくなるためにすべきこととは？

☑ 想像は、実行のための準備運動

ここで膨大なリストができて、呆然とするくらい想像力豊かな人なら、あなたはいずれきっと「習慣力」も「計画力」も強化することができるだろう。

逆にスカスカのリストにしかならず「何をすればいいっていうの？」と困惑したなら、ちょっと問題だ。

なぜならフェーズ4は、イメージを実行に移す直前の段階だからである。「すべきことリスト」の作成は、運動の前のストレッチのようなもので、この工程を中途半端にして駆け出しても、すぐに転んでしまうことだろう。

☑「では、何をすべきか？」できるできないはともかく挙げてみる

フェーズ4では、めざす計画達成のために、どんな行動が必要かを考えてみる。

これはいわゆる「イメージトレーニング」だから、挙げる内容は詳しければ詳しいほどよい。また、その時点での自分ができるかできないかを問う必要もない。

とにかく「自分がこの計画を達成できる人間になるためには、これらの行動をしなくてはいけない」と思ったことを、かたっぱしから書き出してみよう。きっとかなりの数の行動を記したリストができあがるはずだ。

そんな時は、自分でつくったリストをたたき台に、身近な人に相談してみよう。同じテーマに対し、他の人がどれほどの想像力を働かせるかを知るのも、いい経験である。

他の人の想像力もヒントにしよう

ふむ…おれなら××を
試してみるな。
▼▲の見学ってのも
ありかも

「禁煙」をテーマにした行動リストの例

- 手持ちのタバコを処分する
- ライター、灰皿なども捨てる
- タスポを処分する
- 家族や同僚に「禁煙宣言」をする
- 吸ってしまった時の罰を決める
- 自宅やオフィスの机周りに「禁煙」の貼り紙をする
- タバコにどれぐらいの金額を使ってきたか計算してみる
- 同じ金額でなにが手に入るか、どんなことができるかを考えてみる
- 生活習慣病リスクのデータを調べてみる
- 禁煙に成功した人の話を聞いてみる
- 喫煙にかわるストレス解消法を見つける
- 禁煙席で食事した後、喫煙席に移ってみる etc.

ここが
ポイント!

想像力を補うキーワード付き「すべきことリスト」

「すべきことリスト」の作成は、慣れれば簡単なのだが、最初のうちはちょっと苦労するかもしれない。そんな時のために活用したいのが、下の「キーワード付きフォーマット」だ。

改善が目的のリストであれば、ほぼテーマを問わず用いることができるため、汎用性は非常に高い。

汎用性の高いキーワードで「すべきこと」を引き出す

1 すぐできることは?

2 いずれすべきなのは?

3 予め準備が必要なことは?

4 あることがすんだら、できるようになることは?

5 これらに関わるモノ・金・時間は?

TIPS

スキルアップのコツ

「すべきことリスト」と「To Do リスト」の違い

ビジネスマンならすっかりお馴染みの業務管理ツール「To Do リスト」。日本語だと「することリスト」になるうえ、行動を羅列するというフォーマットも同じだから、ちょっと「すべきことリスト」とも似ているように思えるが、実はまったくの別物だ。

なぜなら「すべきことリスト」は、習慣力を強くするためのもの。一度で完了すること以外は、一定期間繰り返して続け、心と体にたたき込まないと意味がない。「To Do リスト」のように、やり終わったら消して終了、というわけではないのだ。長いつきあいになるかもしれない「すべきことリスト」、丁寧につくっておこう。

「To Do リスト」は…

- 短期利用
- 小さなメモ用紙程度でもOK

「すべきことリスト」は…

- 中・長期利用。
- それなりに長い間見つめつづけることになるため、ある程度しっかりした厚さ・大きさが望ましい。

5 フェーズ5 なにはともあれ「動き出す」

手をつけるのは「簡単にできること」から

フェーズ4でつくった「すべきことリスト」の中には、難易度の高いものも、低いものもあるだろう。それなりに数も多いはずだから、いきなり全部に手を出すのは危険だ。

では、何から着手するかといえば、これは「簡単にできることからひとつずつ」だ。

たとえば129ページの、禁煙に関するリストでいえば、タバコや喫煙用品といったものを処分する行動は、今すぐにでもでき、しかも一度で「達成」といえるだろう（その後、再び買ってしまったら問題だが）。

ここで重要なのは、どんなイージーなことでもいいから、「まず行動してみる」ということだ。

行動が脳のスイッチを入れる

では、なぜそうするか。

それは、行動する（＝体を動かす）ことで脳内にある、モチベーションのスイッチが活性化するからだ（詳しくは102～103ページ）。

127ページで紹介した、①大声を出す→②雑念や緊張が飛ぶ→③実力を発揮できる、という例も、この原理に基づいている。

つくった「すべきことリスト」を見て、やり通せるか半信半疑だったりしていたとしてもかまわないのだ。

手をつけられそうなことから、とりあえずやってみることで、脳内にあるやる気のスイッチが入る。やる気が出てくれば、難易度の高いことにも挑戦する意欲が湧く。意欲的に取り組めば目標を達成することができ、さらにモチベーションが上がる…という好循環の、最初のスイッチを入れるのが「行動」なのだ。

なにやらずいぶんと調子のいい話に聞こえるかもしれないが、これは人間が本来備えている機能だ。原理がわかっているのだから、活用しないのはもったいない。

「やる気」を引き出したければ、まず「行動」しよう

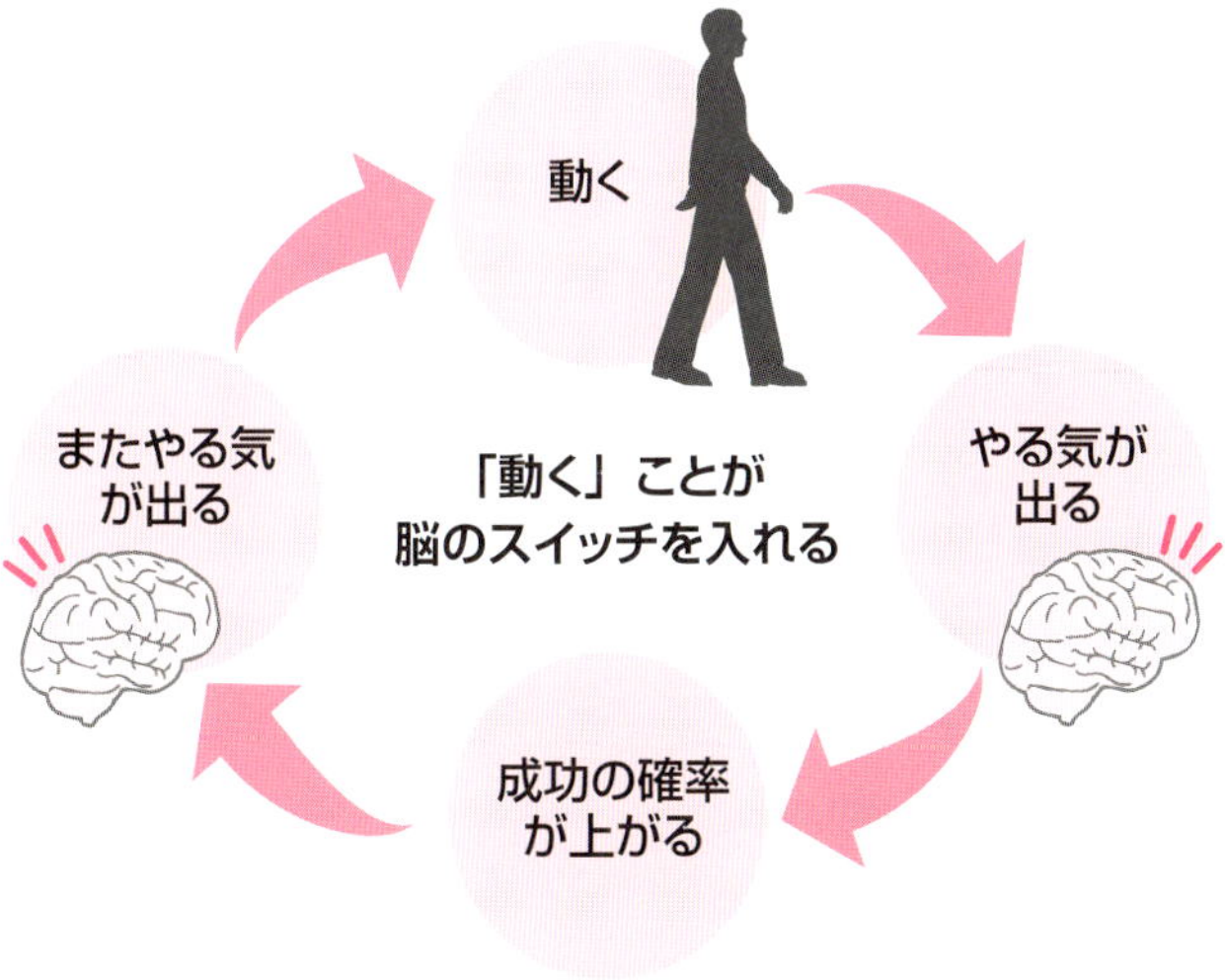
動く
やる気が出る
成功の確率が上がる
またやる気が出る
「動く」ことが脳のスイッチを入れる

ここがポイント!

脳の中にある「やる気スイッチ」とは？

ちょっと前、脳科学者とイラストレーターがタッグを組んで書いた「のうだま」という本がベストセラーになった。

この本で一躍有名になったのが「やる気のスイッチ」ともいえる「側坐核《そくざかく》」の存在だ。そして、この器官を活性化させるのも「行動」なのだ。

「側坐核」が動き出すと、どんどんやる気が湧いてくる

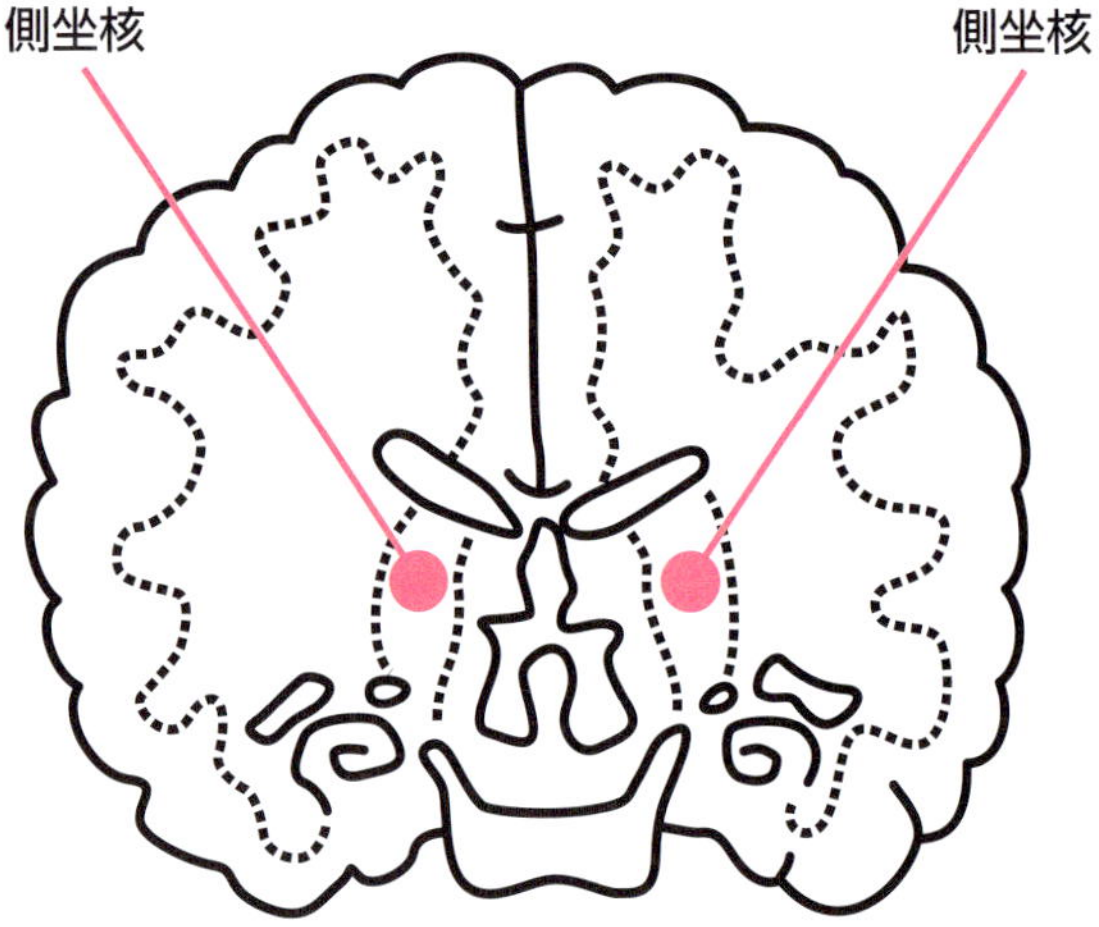

「側坐核」は、脳の中央部、右脳・左脳にひとつずつ並んだ爪の先ほどの小さな器官だ。

「側坐核」は、脳内麻薬の異名を持つ、ドーパミンの放出を司っており、ここが活発に動き出すと「心地よい（続けたい・もっとしたい）」という意欲が増す。

「側坐核」を刺激するには、考えるだけではいけない。体の動きに連動して興奮し、活発に動き出す「作業興奮」という性質をもっているからだ。

TIPS

スキルアップのコツ

自分なりの「スイッチオン行動」を決めてみよう

「側坐核」を刺激すれば、やる気が湧く。そのためにはまず、体を動かすことだ…という原理を上手に活用すると、毎日の暮らしの中で「やる気スイッチ」を切り替えられるようになるかもしれない。

有名な「パブロフの犬」は、餌に釣られてボタンを押すことを覚えた犬は、餌が出なくてもボタンを押すようになる、というちょっと可哀想な実験だが、これを自分なりにアレンジするのだ。

会社では難しいかもしれないが、計画に関わる行動をする時は、お気に入りのBGMを流すとか、アロマを香らせる、といった五感への刺激を加える。何度か繰り返すうち、その音楽や香りに反応してやる気が湧く、という状態になるかもしれない。

五感の刺激でやる気にスイッチ・オン！

⑥ フェーズ6 うまくいったら自分にごほうび

では、どうやれば、行動を続ける確かな動機づけができるか。それがフェーズ6のテーマである「ごほうび（報償）」だ。

行動を起こし、それが完了したら、ちょっとしたごほうびを自分に…というのは、最初にこの言葉を使ったのが女性誌だっただけに、男性にはちょっと気恥ずかしく感じるかもしれない。

だが、あなただって、暑い日に仕事の後で飲む冷たいビールに、こう唸ったことがあるだろう。「ク～！この1杯のために生きてる！」と。

ごほうびというのは、要はこういうことだ。

その喜びがあるから頑張れる、というものを与えて、心と体をねぎらってやれば、人は

人間は基本、単純だ

フェーズ5で「行動」し始めたあなたの脳内では、側坐活が活発に動き出し、ぐんぐんやる気が湧きだしてきた。

意志の強い人なら、そのまま好循環に乗って最後まで進んでいけそうなぐらい、モチベーションは高まっている。

よし、この調子…と思いそうなものだが、ここで油断すると、すぐつまずいてしまうのが「続けられなかった人」の悲しいところ。長年繰り返してきた、根深い挫折経験は、ちょっとやそっとのやる気では、完全には上書きできないものなのだ。

またその幸せを味わいたくなるものなのだ。

「馬の鼻先にぶら下げるニンジン」は、小さいもので充分

ここで重要なのは「頑張った結果、これを得た」と実感できるものを、ごほうびに設定することだ。

前述のお酒やスイーツといった食べ物でもいいし、ちょっとした雑貨や本など、あなたが手に入れて嬉しいと思うものでもいいし、形はなくとも他者からの賞賛が一番効くかもしれない。

気をつけたいのは、たいしたことをしていないのに、大きなものをごほうびに与えてはいけない、ということだ。鼻先のニンジンで満腹したら、馬は走らなくなってしまう。

ハングリー精神を失わず、もっと欲しい、と思えるちょうどいい「ごほうび」を、自分のために用意してあげよう。

モチベーションを高く保ち続けるために「ごほうび」を

ここがポイント!

自分にとってのごほうびを知る

何がごほうび（もらって嬉しいもの）になるかは十人十色。しかし大別すれば「形として確かめられるもの」と「形のないもの」にわけられるのではないか。

自分のモチベーション向上につながるものは何か、一度じっくり考えてみよう。

「欲しいモノ」タイプ別の注意点

形あるもの

- おいしい食べもの・飲みもの
- 本・雑誌
- 雑貨・文具
- 服・アクセサリー
- 報酬

！ 頑張りとご褒美のバランスに注意。小さな行動には小さなご褒美で充分。

形のないもの

- 他者からの評価
- 有益な情報・経験

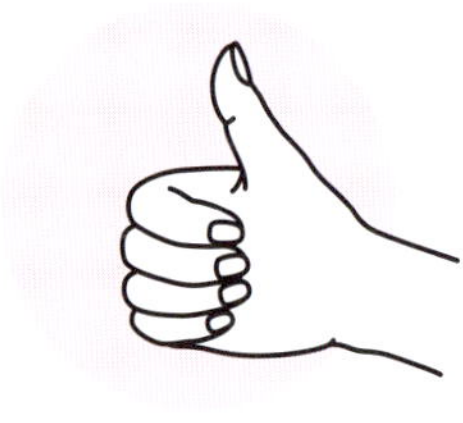

！ 「ほめられたがりな人」が増えている昨今。見栄を張ってまで、大きな評価を求めないよう注意。また、SNSなどでのバーチャルな評価に振り回されないように気をつけよう。

TIPS

スキルアップのコツ

ブログやＳＮＳに依存しすぎない

本書でもしばしばたとえに出しているように、ダイエットは多くの人が習慣化に挑んでは失敗しているテーマのひとつ。最近ではモチベーション維持の手段として「ダイエットブログ」を開設したり、取り組む人が集まるＳＮＳでの交流も活発だ。

これらは「他者の反応を意識してモチベーションを維持する」という点では、125～126ページの手法とよく似ているのだが、大きな違いは、その反応が「生」ではないという点だ。

励ましや共感といった良い意見から、誹謗中傷まで、ネットは、さまざまな反応をリアルタイムで届けてくれるが、相手がどんな表情や声であなたを見ているかは伝わらない。

実行したことや成果を記録するツールとしてはとても有益なものだが、あまり依存しすぎることなく、身近にいる人の反応に、自らの変化や成長を感じたいものだ。

ご利用は「ＳＮＳ疲れ」しない程度に

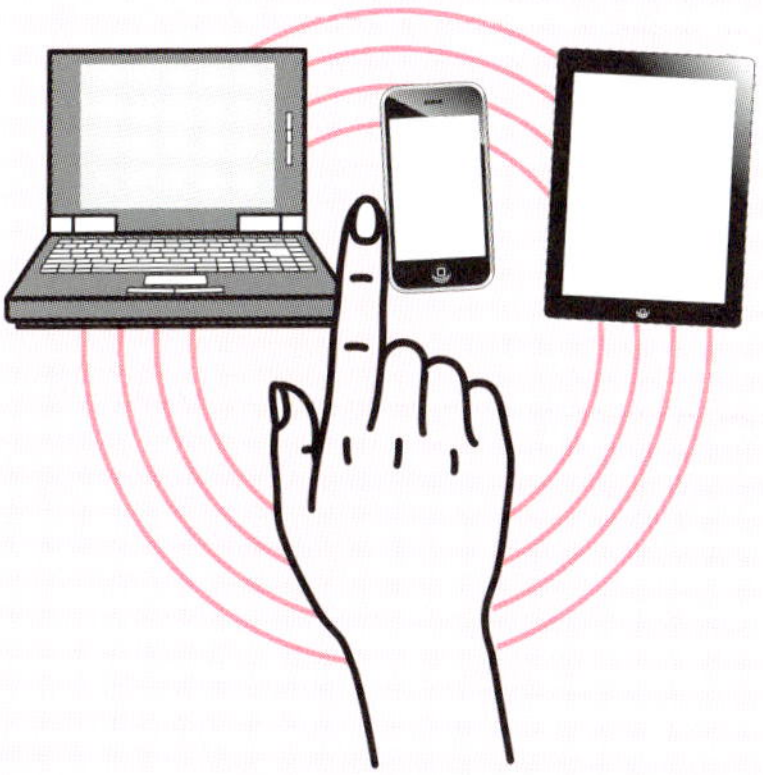

フェーズ7

⑦ 人は3週間で慣れる

反復を苦行にしないために

厳しい部活動や苦しんだ受験勉強のせいで、反復という言葉がすっかり嫌いになってしまった人もいるかもしれない。

しかし、「習慣力」を身につけるためには、自ら決めたテーマに向かって、必要な行動を続ける、すなわち「反復すること」が必要不可欠だ。

想像するだに我慢や努力が必要そうに思える反復行動だが、第3章冒頭でも書いたように、習慣のポイントは、有意義なことを無理せず続けられるようになることにある。

そのためにも、はじめのうちは「苦しい」「めんどくさい」と思いながらやっていた行動を、「あれ、そんなに大変じゃないな」と感じられるようになるまで、なんとかして繰り返さなくてはならない。

反発や飽きの3週間先に「習慣」がある

では「あれ、そんなに大変じゃないな」と感じるようになるまで、一体どのくらいの時間がかかるのだろう？

その答えは「約3週間（21日）」である。

人間には、一定期間、同じ行動を反復すると、その行動への抵抗感が急速に薄れ、習慣化する確率が高まるという性質がある。

これは脳科学研究的にも裏づけられており、3～4週間たつと、その行動を司る神経細胞間のシナプスがつながるため、習慣化しやすくなるのだそうだ。

3週間の間には、不慣れな行動にとまどって忌避したがる「反発」や、行動の意味が実感できずに迷う「不安」、飽きてくる「倦怠」などの時期が必ず訪れるが、これらを乗り切れば、その先には、特に負担に感じずに続けられる「習慣化」が待っている。

この3週間を、長いと思うか短いと思うかは人それぞれ。だが、先述したように、途中、ちょこちょことごほうびを与えて自らのやる気を鼓舞しつつの1カ月弱と考えれば、頑張れない時間ではないはずだ。

「習慣化」までの3週間

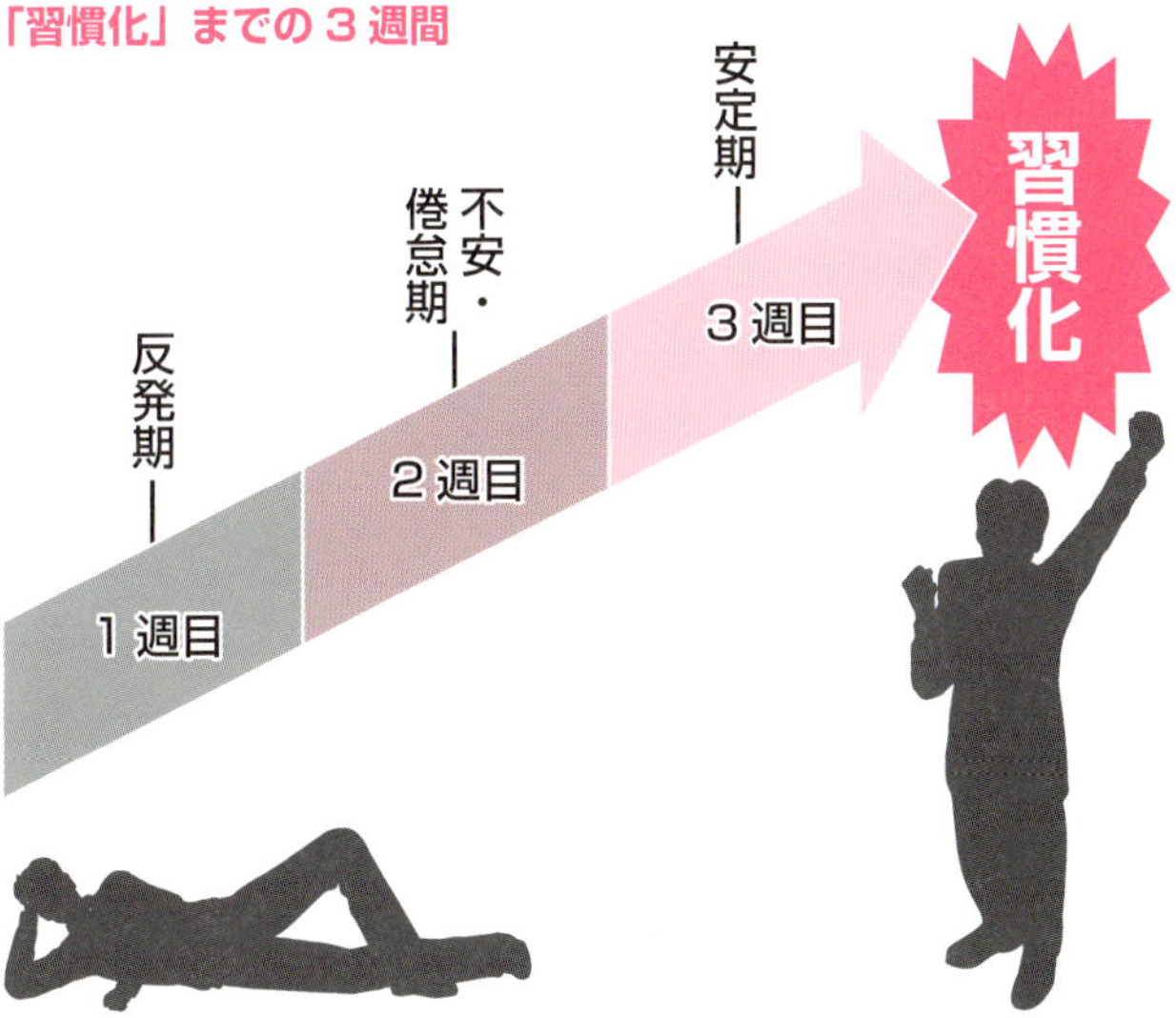

ここがポイント!

習慣になるまではルーティンワークでいい

「行動」を習慣化するためには、同じことをシンプルに繰り返すのが重要だ。行動を終えるまでのスピードを追求するのは構わないが、やり方をいちいち変えてしまっては反復行動にならない。「3週間」、同じことを繰り返すことが重要だ。

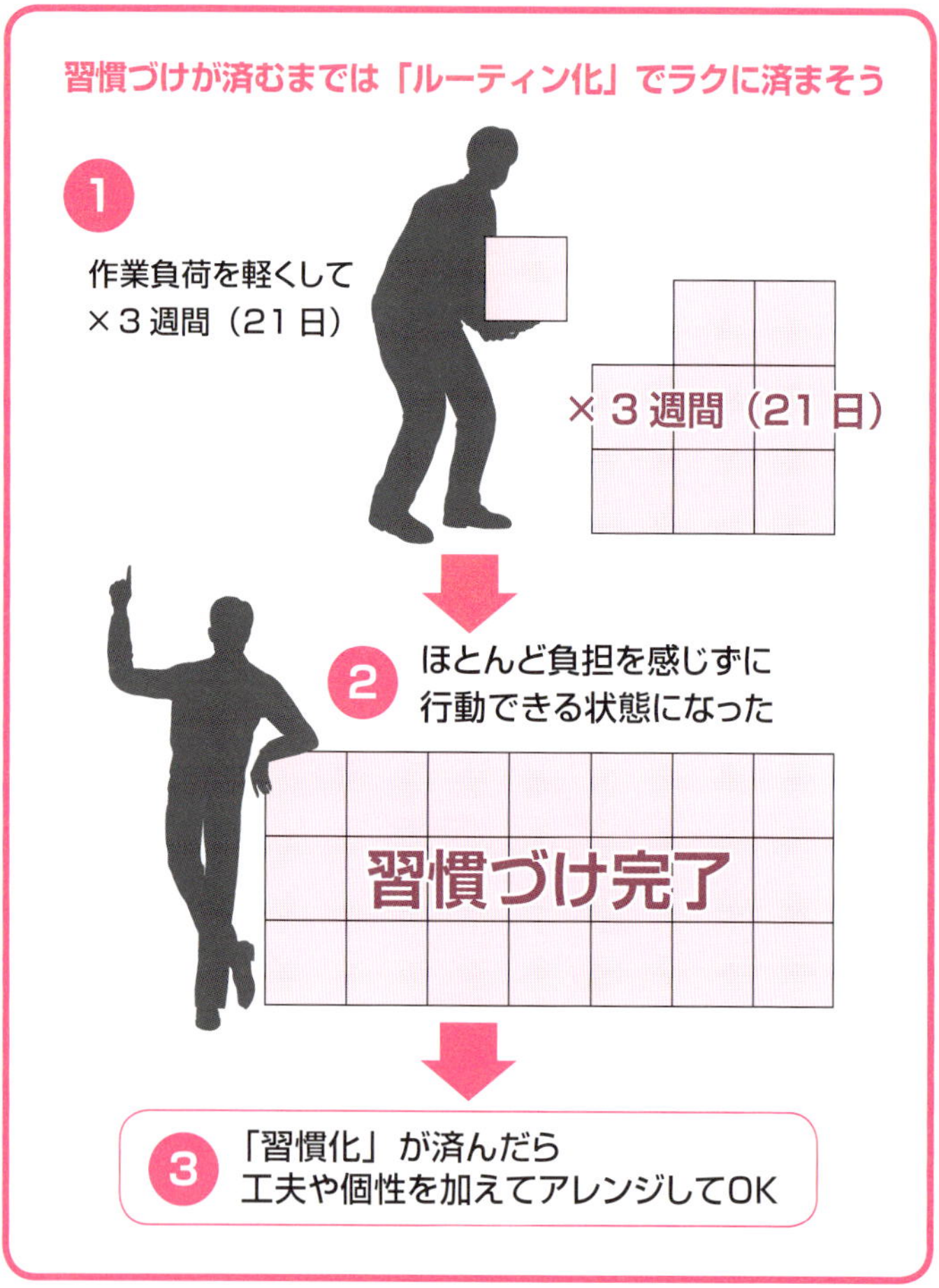

習慣づけが済むまでは「ルーティン化」でラクに済まそう
1
作業負荷を軽くして
×3週間（21日）
×3週間（21日）
2
ほとんど負担を感じずに
行動できる状態になった
習慣づけ完了
3
「習慣化」が済んだら
工夫や個性を加えてアレンジしてOK

TIPS

スキルアップのコツ

習慣づけに役立つアプリも花盛り

スマートフォンがビジネスパーソン必携アイテムとなった最近では、習慣と目標達成をテーマにしたアプリもたくさん登場している。

中でも人気が高いのが「21日習慣づけ」（開発：InitPlay／85円）だ。

本書同様、「3週間（21日）実行すれば習慣になる」というコンセプトで開発されており、カレンダーに「〇（できた）」「×（できなかった）」をマークしていくことで、日々小さな達成感を得られ、どれだけ続いたかが目視できる点が好評なのだとか。

機能を絞って使いやすさ、わかりやすさに特化した、汎用性の高いアプリである。

21日習慣づけ

販売元：InitPlay
価格：85円
iOSのみ対応

8 フェーズ8 習慣を持続するコツ

油断は大敵。怠け心は何度でもよみがえる

フェーズ7で示したように、弱い心をなだめたりすかしたりしつつ3週間実行したあなたは「なるほど、確かに前より無理なくできるようになったぞ」という手応えを得た。

これでもう大丈夫、すっかり習慣になった！と思っていたのに、なぜだろうか。ふとしたきっかけで、またダラダラと元の黙阿弥…というのも、実はよくある話。

人間というのは、とかく誘惑に負けやすい生き物で、ラクなほう、ラクなほうへと流れていきがちなのだ。

パターンA：仲間がいればがんばれる

さあ、ではどうすれば、ようやく手に入れた「習慣」を持続できるだろうか。

パターンAとしては「仲間をつくる」のがオススメだ。同じように目標を立てて、コツコツと努力している人を見つけて（一緒にやろうと誘うのでもいい）、お互いの進捗を報告しあってみると、「あの人もがんばっているんだから自分もやらなくては！」という共感と見栄の相乗効果で、お互いの習慣維持にとても効果がある。

ただ、相手が怠慢だと「あの人もさぼってるし、まあいいか」となって逆効果だ。

☑ パターンB：記録を「見える化」して残す

パターンBは、ひとりでもOKなやり方を紹介しよう。それは「記録をつける」ということだ。

日記やブログを書いている人は、「今日もやれたぞ」とひとこと添える。数字が出ることに取り組んでいる人なら、表やグラフにして記録を視覚化するのがいいだろう。

また、さらに効果的なのは、写真を撮って残しておく、という手法だ。

たとえば掃除やダイエット、読書など、進捗が日々見えるような行為の場合は、ビフォー→アフターの写真を撮っておくと「今日の成果」が日に見えて、続けがいと効果を噛みしめることができる。

良い習慣を持続するために

パターンA
仲間とわいわい
共感増幅型
明日もがんばろーね!

パターン B
ひとりでじんわり
噛みしめ型
ふふふ♪
今日もやり遂げたぞ

ここがポイント!

「ビフォーアフター」の効果は絶大

リフォームドキュメント番組や、エステの広告でおなじみのキーワード、「ビフォーアフター」。悪い状況から良い状況へ転じる、その劇的さが「自分もやろう!」という気持ちに火をつける。習慣づけの際も成果をビフォーアフターで残すと、持続する気持ちが強まるのだ。

目標 デスクの整理整頓!

毎日の行動 毎日引き出しをひとつずつ整頓する

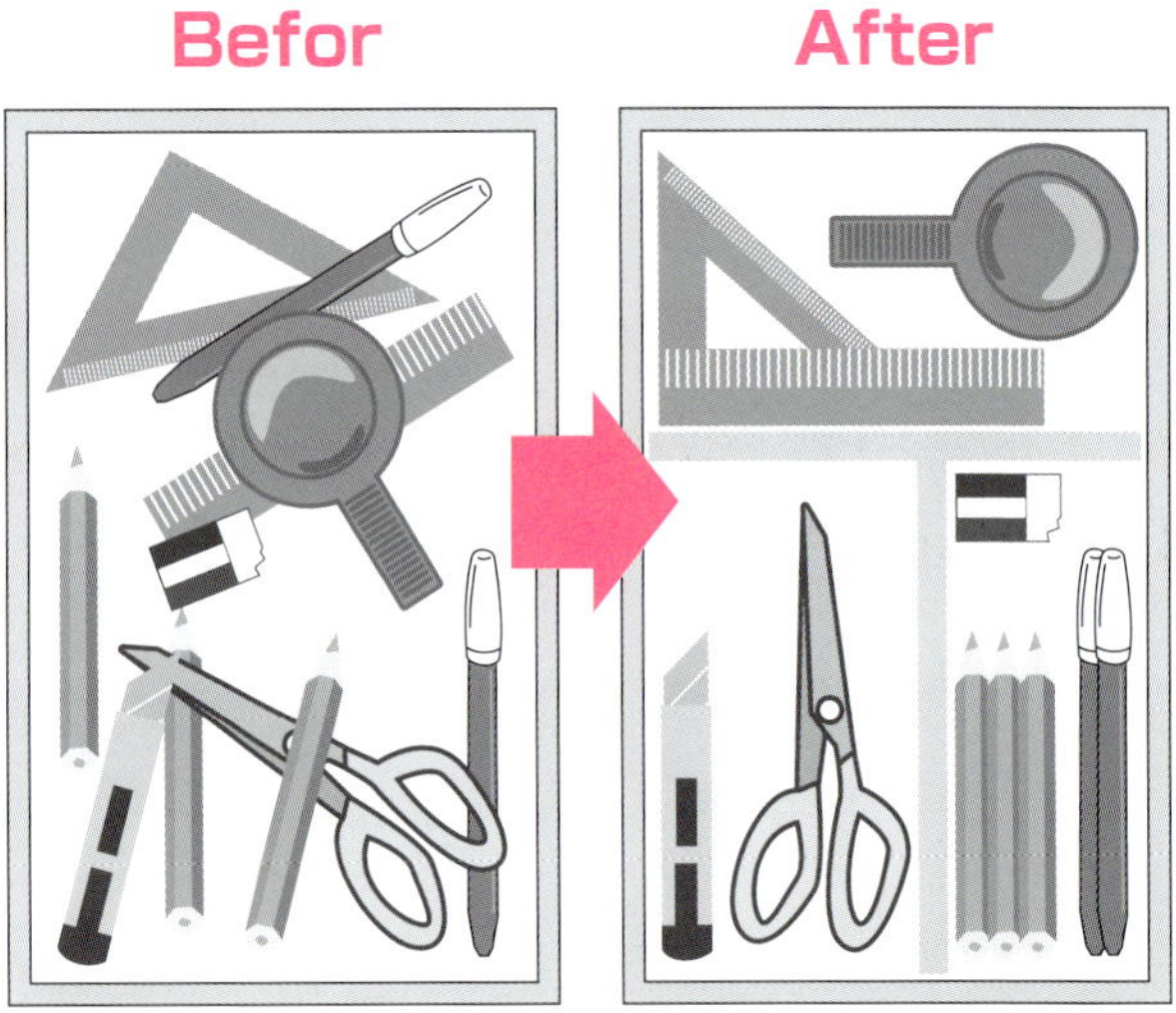

達成感が目に見える形で残ると励みになる。

TIPS

スキルアップのコツ

「アメ」で駄目なら「ムチ」でいけ

１４５ページで紹介した、習慣を継続するためのパターンＡ・Ｂは、仲間と一緒にしても、ひとりでしても、基本は「楽しくやる」というスタイルだ。だが、自分はだらしないから、それでは甘えてしまう、という人もいるだろう。そんな人のためのパターンＣが「監視役をつける」である。

たとえば親、兄弟、先輩など、自分より立場が強くて、社交辞令を言わない相手に「怠けたら叱ってくれ」と頼むのだ。なんなら「ペナルティを決める」のも効く。

アメでは効かない、ムチでいく。それくらいの覚悟と柔軟さがあれば、きっと良い習慣が身につけられるはずだ。

パターンC 誰かに見張ってもらう型

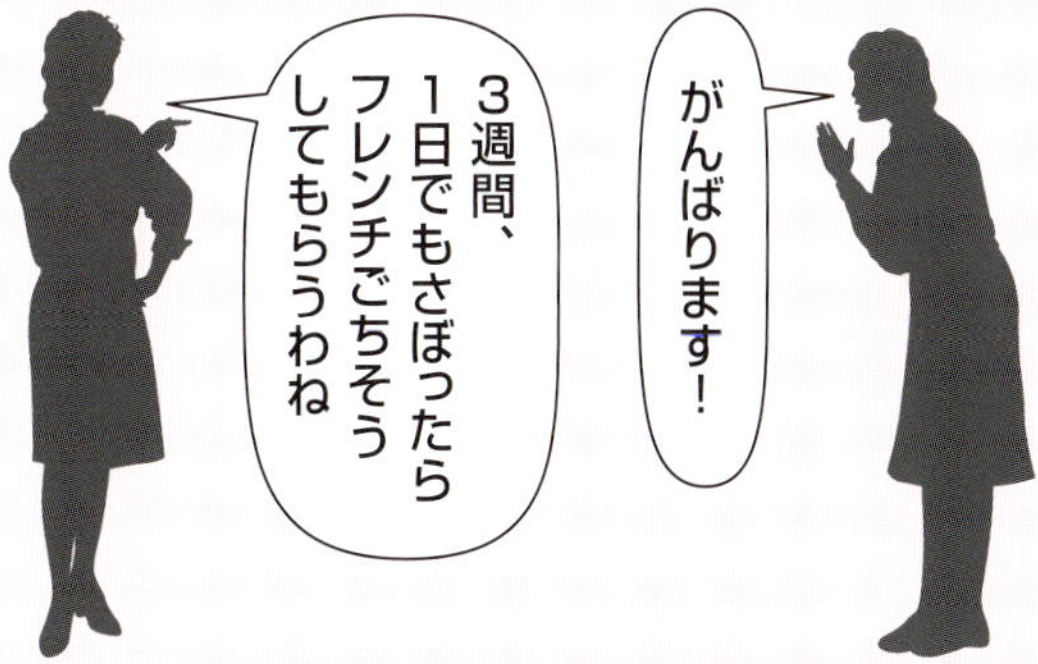
がんばります!
3週間、1日でもさぼったらフレンチごちそうしてもらうわね

⑨ フェーズ9 習慣力は自信を育てる

習慣力とともに手に入れる、

もっと素晴らしいもの

ここまでのフェーズの間には、何度か「自分にごほうびをあげてモチベーションを維持する」という内容が登場した。

これは途中で頓挫しないようにと考えられたテクニックだから、このごほうびが目的にすり替わってしまっては意味がない。

習慣力を身につけ、やり遂げられる人になったあなたが手に入れる、最も大きなものは「自信」だ。それには、ささやかなごほうびなどとは比べものにならないほど価値がある。

できる人とできない人の違いとは？

あなたはこれまで、学校や会社で「この人は凄い！」と感じる人に会ったことがあるのではないだろうか。勉強ができる、スポーツができる、仕事ができる。ひょっとしたら、それらすべてができる、非の打ち所のない人だったのかもしれない。

人はあまりに彼我のレベル差があると、その理由を「生まれついての才能」や「環境の違い」のせいにしてしまう癖がある。

しかし、実際には、できる人とそうではない人の違いは「自信」の有無であることが多いと言われている。

「できる人」というのは、未知の物事や大きな課題に挑むのを恐れない。それは「これまでにもいろんな物事をやってきた。そして自分はやり遂げることができた（＝だからこれもできる）」という自信があるからだ。

これに対して「できない人」は、これまでの失敗経験のせいで、やればできるかもしれないことでも、なかなか踏み出すことができない。自信の有無によって、できる人はますますできるようになり、できない人は何もできないという差が、さらに広がっていくことになるのだ。

「習慣力」の強化によって達成感を味わい、自分はできる！という自信をもつのは、成長と成功への確かな道筋なのである。

「自信がある人」の思考法

自分は
やり遂げられた
だからこの難題も
きっとできる
やっぱりできた!
いろんなことに
挑戦してきた
自分はもっと
大きなこともできる!

ここがポイント!

人は、自信のある人に引き寄せられる

「自信をもって物事に取り組んでいる人」の周りには、「この人とならきっとできる」という期待を抱いた人が、自然と集まってくる。人はそれぞれに、知識や情報、スキルをもっているから、集まればさらに力が増幅され、物事の達成が容易になる…という好循環が生まれるわけだ。

●自信がある人物の周りには人が集まる

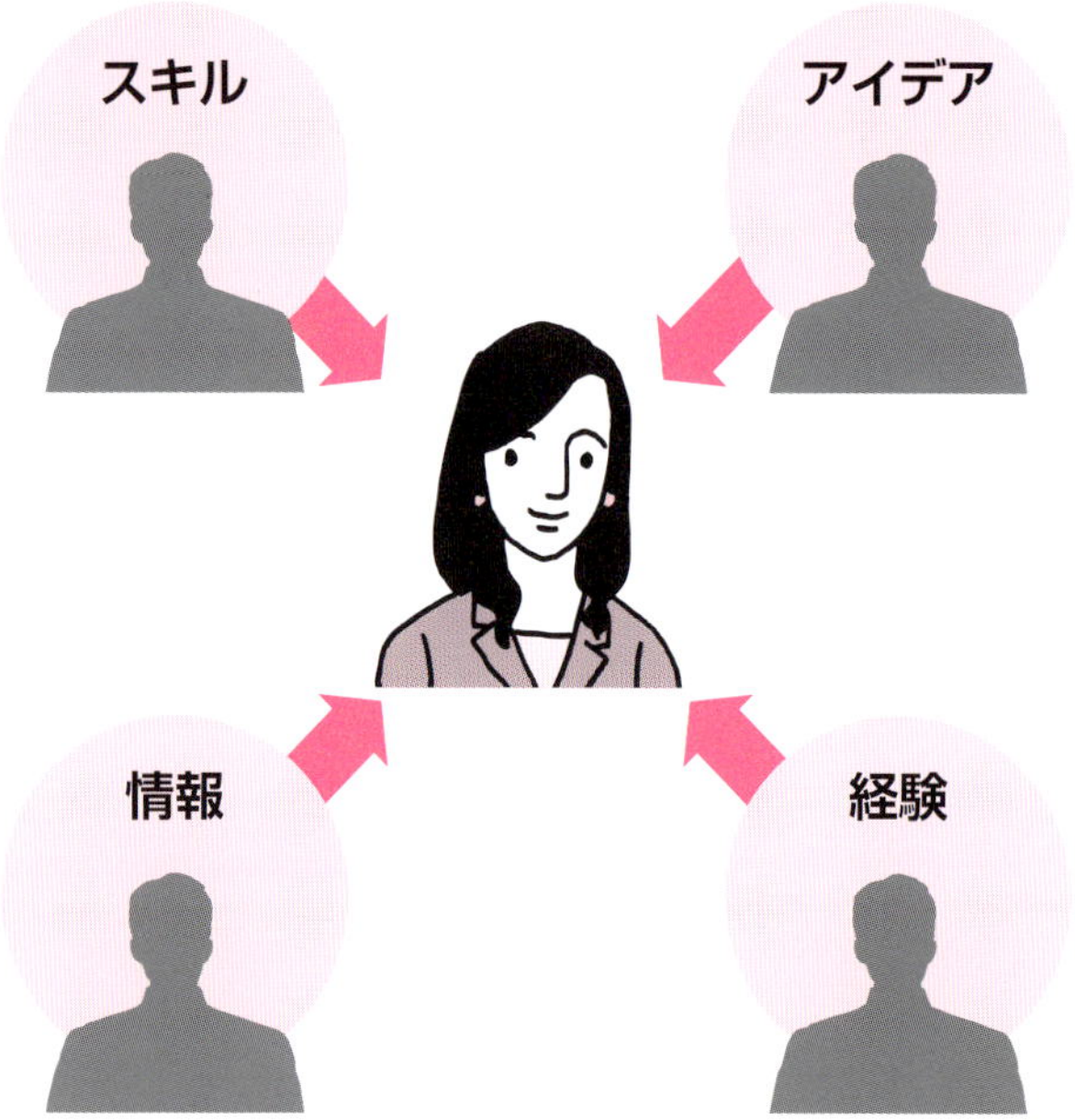

「習慣力」を身につけ自信を手に入れるということは、計画推進の中心人物になる資格を得るということでもあるのだ。

TIPS

スキルアップのコツ

身近な憧れの人を どんどん真似しよう

日本語の「学ぶ」と「真似る」は、「真に似せる」とか「誠に習う」という、共通の語源をもつ言葉だという。職人が「技は盗め」というのも、師の手本をよく見て真似ることが、上達・習得の近道という意味なのだ。

人の真似をするのは恥ずかしい、という人もいるが、良い見本がいるのに参考にしないのはもったいない。

あなたもぜひ一度、そばにいる人を見回してみよう。「この人はできる。自信をもって物事に取り組んでいる」と感じた人がいたら、その人を目標像（ロールモデル）にして、やり方や習慣を真似してみよう。きっと良い影響を与えてくれるはずだ。

「できるなあ」「かっこいいなあ」と思う人を真似るのは、恥ずかしいことではない

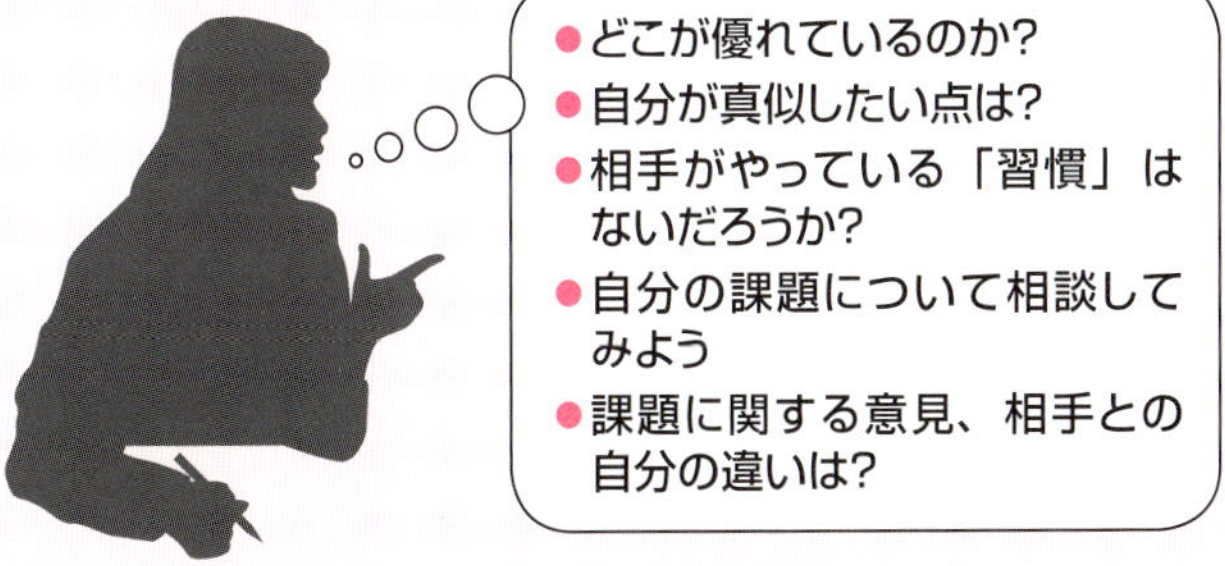
●どこが優れているのか?
●自分が真似したい点は?
●相手がやっている「習慣」はないだろうか?
●自分の課題について相談してみよう
●課題に関する意見、相手との自分の違いは?

考えながら、良いところを取り入れよう

⑩ 試して損なし「ポジティブ習慣」のススメ

とにかく一度、やってみよう

フェーズ1の時点のあなたは、これまで何度も計画倒れに終わった、やり遂げられない人だった。

本章ではそこから1つずつフェーズを進めて、習慣的に実行できる人になる方法を解説してきた。

だが、ここまではあくまでも、習慣化のロジックだ。本当にあなたに習慣力がついたかどうかは、まだわからない。

そこで本章の最後では、実際に「ポジティブ習慣」の習得にチャレンジしてみたいと思う。

自分を変える、5つのポジティブ習慣

早起き、ウォーキング、あいさつ…まるで小学生の宿題みたいじゃないかと、あなたは思うかもしれない。

いずれもささやかに見えるこれらの習慣は、しかし、身につけば必ずあなたにメリットをもたらすものばかり。多くの成功者が、当たり前のように続けているポジティブな習慣の一例だ。

154ページ以降、それぞれのメリットや継続のポイントを具体的に紹介しているので、どれかひとつでもいい、ぜひ挑戦してみてほしい。

「習慣力」の意味・効果を実感できる
5つのポジティブ習慣

■ 暮らしのリズムを整える習慣

早起き

今より1時間早く起きてみよう

■ 健康になる習慣

1駅ウォーキング

最寄り駅のひとつ手前で降りてみよう

■ ビジネスに効く習慣

寝る前 To Do リストづくり

明日やることの整理は、前夜のうちに

■ 人間関係の円滑化に効く習慣

大きな声であいさつする

「おはよう」から始まる笑顔の1日

■ 未来の自分に効く習慣

1日1つ新たな言葉貯金

気になる言葉の意味を調べ、記録しよう

❶ 暮らしのリズムを整える習慣

早起き ～今より1時間早く起きてみよう

フェーズ1	遅刻が多い。時間にゆとりがない
フェーズ2	きちんと身支度して出社。朝食もちゃんと食べたい
フェーズ3	絶対にX時に起きるぞ！
フェーズ4	今より早く寝る。目覚ましを増やす
フェーズ5	Y時以降はテレビやパソコンを切ってベッドに入る
フェーズ6	1週間早起きできたら、ちょっと贅沢なモーニングを食べにいこう
フェーズ7	1日1時間×7日×3週＝21時間のゆとりができた！
フェーズ8	早起き仲間を探してみよう
フェーズ9	目覚ましなしでも、スッキリ起きられるようになった！

12
9
3
6
このゆとりで、
どんな楽しいことが
できるだろう?

❷ 健康になる習慣

一駅ウォーキング ～一駅手前で降りてみよう

フェーズ1	運動不足。体重が気になる。満員電車が辛い
フェーズ2	体を引き締めて、アクティブな人になりたい
フェーズ3	一駅分歩いて会社に行くぞ！
フェーズ4	徒歩ルートを調べる。着替えとスニーカーを用意する
フェーズ5	30分早く家を出て、一駅前で下車
フェーズ6	徒歩ルートにある気になる店をチェック
フェーズ7	30分かかっていたのが25分に短縮できた！
フェーズ8	歩数や消費カロリーを記録する
フェーズ9	もう一駅分延ばしてもいいな

体が軽いし、
知らなかった街に
詳しくなれて
楽しい！

③ ビジネスに効く習慣

寝る前 To do リストづくり ～明日やることは、前夜に整理

フェーズ1	出社してから業務を確認。午前はそれでつぶれる
フェーズ2	朝から無駄なく仕事をしたい。能率を上げたい
フェーズ3	明日の予定は前夜に立てるぞ！
フェーズ4	寝る前 30 分時間をつくる、自分の業務をきちんと把握しておく
フェーズ5	翌日の To Do リストをつくってみる
フェーズ6	新しいノートやペンを買って気分を上げる
フェーズ7	前より早く仕事に本腰を入れられるようになってきた！
フェーズ8	参考に先輩の To Do リストを見せてもらう
フェーズ9	なんだか残業も減ってきたぞ

前夜の30分で、
1日を
ロケットスタート
できる!

④ 人間関係の円滑化に効く習慣

大きな声であいさつする～「おはよう」から始まる笑顔の1日

フェーズ1 オフィスの雰囲気が停滞している。仕事のテンションが上がらない

フェーズ2 活気あるオフィスで働きたい。存在感のある人になりたい

フェーズ3 オフィスの元気の源になるぞ！

フェーズ4 大きな声であいさつする。笑顔で出社する

フェーズ5 朝一番、大きな声で「おはよう」と言う

フェーズ6 1週間続けられたら、キレイな色の小物を買う

フェーズ7 同じようにあいさつを返してくれる同僚が増えた

フェーズ8 会議で発言するのが苦じゃなくなってきた

フェーズ9 近所の人にもあいさつできるようになった

オフィスが活気づいて、いろんな案件に声をかけられるようになった

⑤ 未来の自分に効く習慣

1日1つの言葉貯金 ~気になる言葉の意味を調べ、記録しよう

フェーズ1 他の人に比べて知識が足りない。会話が広がらない

フェーズ2 話術を磨きたい、機転が利く人になりたい

フェーズ3 話して楽しい人になるぞ！

フェーズ4 幅広い知識を身につける。本を読む

フェーズ5 1日1語、その日見聞きした知らない言葉の意味を調べる

フェーズ6 いいノートを買って「知らなかった言葉ノート」をつくる

フェーズ7 「知らなかった言葉ノート」が分厚くなってきた

フェーズ8 新しく覚えた言葉を話題にしてみる

フェーズ9 会話に詰まることがなくなってきた

ここがポイント!

多くの偉人が語ってきた習慣に関する明言・格言

「習慣」は、いざ意識的に身につけようとすると、最初は大きな抵抗感を感じるものだ。しかし振り返ってみれば「身についた習慣」こそが、人生の羅針盤であり、その人の本質になるのだということを、古来多くの偉人たちが語っている。

私たちは、自分でつくった習慣のようにしかならない。節制している人は節度ある人となり、勇気ある行動を続けている人は勇敢な人となる。

アリストテレス（哲学者）

習慣は人間生活の最大の道案内である。

デイヴィッド・ヒューム（哲学者）

悪いことの習慣を多くもつものは悪人となり、良いことの習慣を多くつけている人は善人となる。

渋沢栄一（実業家）

心が変われば、態度が変わる。態度が変われば、行動が変わる。
行動が変われば、習慣が変わる。習慣が変われば、人格が変わる。
人格が変われば、運命が変わる。運命が変われば、人生が変わる。

ヒンドゥー教の一節

Column

大企業も参考にする

自衛隊の習慣教育

厳しい教練と高いモラルで知られる我が国の自衛隊。最近では新人研修に、自衛隊への体験入隊を組み込む企業も増えている。

そんな自衛隊に入隊する新人自衛官の１日は、極めて厳密なスケジュールに則っている。起床～就寝まで、分単位で決められた集団行動が基本であり、プライベートな時間はほとんどない共同生活を送るのだ。

入隊してまず叩き込まれるのは「整理整頓」の徹底。もとよりもち込める荷物は少ないのだが、支給された制服の脱ぎ方・たたみ方・積み上げる順番にまで細かく規定があるという。

非常に窮屈そうではあるが、これにはちゃんと理由があって、規定どおりに置いておけば、いざという時に暗闇の中でも速やかに出動準備ができるからだという。

要するに、毎日必ずすることなら完璧にルーティン化（＝習慣化）してしまえば、いかなる時でもラクに、無理なく実行できる。その結果、非常事態に直面しても、速やかに任務に取りかかれるというわけだ。

自分の毎日を振り返って、習慣化して効率よくできることがないか考えてみてはいかがだろうか？

第5章

計画力×習慣力で
ワンランクアップをめざそう！

① 計画力と習慣力には共通点が多い

☑「計画力」と「習慣力」はよく似ている

「計画力」と「習慣力」。本書のテーマが2本立てなのは、このふたつがしっかり噛み合うと、大きな成果が得られるから…というだけではない。

もっと単純な話で、どちらにも同じようなセンスや能力が求められ、多くのノウハウやTIPSを共有できるからだ。

本書内のあちこちで「想像してみる」や「時間を意識する」といったフレーズが登場しているのも、これを裏づけている。

改めて、このふたつがよく似ている点を挙げてみよう。

---

① 現状認識する
どちらもまず、現状に問題があることを、正しく認識・分析することからスタート

② イメージする
どちらも、「現状を改善するには?」「もっとよくなるためには?」等を想像し、シミュレーションをする

③ 目標を立てる
どちらも「こうなりたい」という目標を設定する

④ すべきことを洗い出す
どちらも「目標達成のためには何をしなくてはならないか?」を考える

ポイントをおさえれば、どちらの力も同時に強化できる

こうして挙げてみると、「計画立案」と「習慣化」がよく似た要素・流れで構成されていることがわかるはずだ。

ということは、ポイントをおさえてトレーニングすれば、両方を同時に強化することができるということにもなる。

その際のポイントは、やはり第1章の冒頭で紹介した「3つのセンス」、すなわち「想像力・客観性・数への鋭敏さ」だろう。

現状認識には客観性が欠かせないし、イメージするには想像力がいるといった具合に、これらのセンスはいずれも、前述の①〜④の流れに、密接に関わっているからだ。

ふたつの力の共通要素と、それぞれに関わるセンス

❶ 現状認識 ←	客観性
❷ 想像 ←	想像力
❸ 目標 ←	想像力・客観性・数への鋭敏さ
❹ すべきこと ←	想像力・客観性・数への鋭敏さ

ということは
うまくやれば同時に
両方強化
できるのでは…？

② 計画力×習慣力は万能のスキル

☑ 毎日は「計画」と「習慣」の積み重ね

「遅刻せずに出社する＝計画である」というたとえが、本書には何度か登場している。

定時出社を目的とし、そこから逆算して、何時に起き、何をして外出の準備を整え、出発するかを無意識にやっているが、それも一連の計画である、という話だ。

これをさらに細分化していくと、朝一番に顔を洗うという行為にも「すっきり目を覚ます」とか「人前に出て恥ずかしくないようにする」という目的があるということになる。

要するに、私たちの生活上の行為はすべて計画にのっとっているといえるのだ。

こう書くと、「そんなことはない、休日などは何もせずにダラダラしている」とおっしゃる人もいるだろう。

だが、実はそれすらも「今日はダラダラ過ごそう」という計画を、忠実に実行している、ということだ。

私たちの生活は、いくらでも細分化できる「計画」の積み重ねであり、その中で、あまり意識せず、負担も感じずに継続できていることが「習慣」なのである。

だからこそ「計画力」と「習慣力」は、ビジネスにはもちろん、毎日のあらゆるシーンで活用できる、万能のスキルなのだ。

毎日の中で「計画」と「習慣」を意識しよう

本書を手に取った多くの人は、計画力や習慣力を強化して、ビジネスに役立てたいと考えているはずだ。実際、この本にはそのためのロジックやノウハウが、たくさん紹介されている。

だが、これらをすべて理解し、アタマに詰め込もうとする以上に効果的な方法は、自分の日々の行動を「これは〇〇という目標を達成するための計画だ」「これは習慣化すればスムーズになるな」と意識することだ。

あなたは今後、さまざまなビジネスプランを考えるだろうし、立てた計画をやり遂げようと頑張ることになる。

その時、自分はもうずっと「計画」や「習慣」を使いこなしてきたのだということを知っていれば、気分はだいぶラクになるはずだ。

計画も習慣も、難敵ではない。あなたにとってごく身近な、とても頼りになる存在なのだ。

日々の行動を
計画と習慣に意識づけする

これは目標Aのための計画
これは習慣化できるぞ

ここがポイント！ 1日の行動を「計画」と「習慣」で分類すると？

子どもの頃ならいざ知らず、社会人ともなれば時間の使い方にはおのずと「計画性」や「習慣性」が絡んでくる。

ざっくりとした1日のスケジュールを書き出して、自分はなぜそれをするのかについて考えてみよう。きっと、目からウロコが落ちるはずだ。

7:00	起床	
	歯磨き	習慣
	洗顔	
7:15	ニュースを見る	習慣+計画（今日1日のトークのネタ探しのため）
7:30	朝食の準備	
7:40	朝食	
8:00	着替え	
8:15	家を出る	
8:25	自宅最寄り駅到着	
8:35	乗車	
9:20	会社最寄り駅到着	
9:30	出社	
9:40	メールチェック	
10:00	業務① 営業電話（10社分）	習慣+計画（営業成績向上のため）
11:00	業務② A社向け提案資料制作	計画（顧客満足向上のため）
12:00	休憩（社食でランチ）	
22:00	テレビを見る	
23:00	入浴	
23:30	晩酌しつつ読書	習慣
24:30	就寝	

TIPS

スキルアップのコツ

快眠習慣を身につけて、「明日のパワー増加計画」

自分の1日を分類してみると、ほとんどの行動が「計画」か「習慣」に分類されてしまうことがわかる。

なにしろ、意識を手放している睡眠時間さえ「明日の英気を養う」という目的をもった、計画的行動になるのだ。なにやら窮屈な気分になるかもしれないが、社会人の生活というのは実際、こういうもの。そこは割り切って、さっと入眠し、スッキリと目覚めるのが得策だろう。

深く、心地よく眠る方法というのはさまざまあるが、ここでもやっぱりかぎを握るのは「習慣」だ。

ストレッチをする、ホットミルクを飲むなどのささやかな入眠儀式を習慣づけて、X時以降にこれをしたら眠るのだと、脳や身体に刷り込むと、スムーズに、ぐっすりと眠ることができるので試してみよう。

●快眠3つのポイント

1. 眠る前は神経を興奮させない（テレビ・PCなどの禁止）
2. 0:00～6:00までが睡眠のコアタイム。この時間内に4時間以上の睡眠をとる。
3. 自分に合った「入眠儀式」を習慣づける

③ 計画力×習慣力で高いゴールをめざす

まずは自分の成長を見せる

「計画力」と「習慣力」がしっかりと身につけば、あなたはもう、これまでの自分からワンランク上のビジネスパーソンに成長したといっていい。

目的達成に向かってロジカルな計画を立て、それをやり遂げる方法を知っているということは、チームを率いるリーダー（プロジェクトマネジャー）になりうる人材だということだからである。

もちろん、その力を認めてもらうには、実績が必要だ。まだ何の実績もない者に、複数の人間が関わる計画はまかせられない。

そのためにあなたがまずすべきは、自らの成長を周囲に示すことだ。そしてそれは「良い習慣を身につけようと計画を立て、それをきちんと実践した結果、このように変わった」というアピールであるべきだろう。

第4章の最後に挙げた「5つのポジティブ習慣」（154〜158ページ）は、9つのフェーズを踏まえれば、短期間でもしっかりと成果が表れるものなので、ちょうどよいアピールになる。

社内で自らの存在感を高め、ワンランク上の仕事をまかされる人をめざすのなら、ぜひ実践してみてほしい。

「計画力×習慣力」で、これまでたどり着けなかったゴールへ

確かな「計画力」は、これまでたどり着けなかったゴールに至る道筋を、あなたに示してくれる。そして「習慣力」には、いつも途中棄権に終わっていた道のりを完走させ、ゴールテープを切らせてくれる頼もしさがある。いわばあなたは、もう迷わずにすむコンパスと、効率のいいエンジンを手に入れたということなのだ。

ふたつの組み合わせは、あなたに「できなかったことができるようになる快感」を味あわせてくれる。この快感はあなたに、さらに遠く、高いゴールをめざす意欲を与えてくれることだろう。

計画力はコンパス、習慣力はエンジン

ここがポイント! 両方もっている人が少ないからこそ価値がある

「計画力」と「習慣力」は、揃うと互いの威力が増幅されて、大きな目標を達成することができる。

しかし、実際にはこのふたつをどちらももっている人は少ない。だからこそ、あなたが計画力と習慣力を手に入れれば、ライバルたちからアタマひとつ抜け出す武器になる。

「計画力」×「習慣力」があれば

計画力があれば

自らが計画立案者になれば、「計画の全景（目標・日程・作業内容など）」をあなたより詳しく知る人はいない。だから当然、計画を指揮するリーダーになれる。

×

習慣力があれば

計画全体を俯瞰して、各自がすべきことを周囲（同僚・スタッフなど）に指示することができる。これはすなわち、計画を推進する力、作業を実行させせる力があるということだ。

＝

計画力、習慣力の両方を身につけたものは、チームリーダーやプロジェクトマネージャーになれる器だと評価されることになる。

もうひとつあればさらに頼もしい「伝える力」

社内での立場や存在感が上がるにつれて、あなたの言葉は多くの人を動かすことになる。自分の考えや想いを、相手に伝えるトレーニングも重要だ。

TIPS

スキルアップのコツ

他人の「結果」を見て、「計画」や「進め方」を推測する

素晴らしい成果を上げたものでも、頓挫したものでもいい。他の人が立てた計画書や推進表を見る機会があったら、ぜひ好奇心をもって観察してみよう。

どこが優れているのか、どこに問題があるから目的を達成できなかったのかと考えながら読むのは、とてもためになる経験だ。

また「計画書」などを直接読むことができない場合は、逆に「結果」から、その人がどんな計画を立て、実践しようとしたのかを推測してみよう。

他人の思考をトレースする訓練は、あなたがいずれリーダーやプロジェクトマネジャーになる時必ず役立つ。

これはいいなあ、参加してみたくなる
なんだか根拠が薄いような…
何人くらい関わったのかな
どうやってこんなものを作ったんだろう

④ チームのタイムマネジメント力をアップさせる

あなた＋一人以上＝チーム

あなたの考えた計画に、あなた以外の人が一人でも参加・協力することになったら、それが「チーム」である。

あなたは自分のプライドや成績のためだけでなく、その人に対しても、自らの計画とその推進方法が正しいことを証明する責任を負い、成果を上げなくてはならない。

とはいえ、あなただけが責任を負う、というわけでもない。ひとたびチームを組んだら、そのメンバーはみな等しく当事者だ。それぞれが自律的に動き、期待された責務を果たしてはじめて、目的は達成される。

では、単なる作業スタッフではない、自分の意志や個性をもったメンバーを上手にまとめあげるために、あなたがまずすべきことは何だろう？

目標達成できるチームは、時間を守る

それは「時間」に関するルールの徹底だ。

全体計画の中には、メンバー全員が参加する進捗会議や、中間目標の締め切りなど、さまざまな時間拘束を伴う約束事が設定される。この日程・時間を厳守するのが、非常に大切なことなのだ。

約束の時間には、計画に関わるメンバーが

一斉に集まる。なのに、その時間に遅れたり、現れない人がいたら、他のメンバーの予定が狂ってしまうし、会議の最大の目的である、情報や成果を共有することができなくなってしまう。

だからこそスケジュール調整がしやすいように、「ここだけは」という会議や締め切りの設定をまっさきに固めるべきだし、ひとたび決めたら原則として、変更してはいけない。

よく融通の利くふりをしたくて、ここをファジーにしてしまう人がいるが、他のメンバーからしたら、あの人は守らないのに、自分は守らなくてはいけないのか、という気分になって当然だろう。時間拘束を伴う約束については、きりっと手綱を締めてかかろう。

メンバーを集めなくてはいけない

「約束事の日時」は真っ先に確定させ、目に見える形で共有する

Scedule
12
13
14
15
16
17
18
この日と
この日は
時間厳守!
忙しいのはわかりますが、
鋭意調整してください

ここがポイント！ 「時間・約束」を破るとはどういう意味なのか

顧客であれ同僚であれ、あらゆるビジネス関係の根幹は「信用」だ。そして信用を最も簡単に損なってしまうのが、「時間・約束を守らない」という事態だ。

多くの人が関わる計画において、最初に固めるべきが「タイムマネジメント」なのは、そういう理由である。

「時間・約束」を守らない＝相手を軽視している

時間や約束破りの常習者というのは、要するに、相手を尊重してないということ。相手が重要だと思うなら、おいそれとは遅刻できないだろう。その軽んずる気持ちが伝わってしまうから、相手を怒らせ、信頼を失うことになる。

「時間・約束」を守らない＝相手の「金」を無駄にしている

決められた時間・約束を守らないということは、すなわち「相手の時間を無駄にさせた」ということ。時間とは、すなわち金に他ならない。

「時間・約束」を守らない＝自分の価値を下げる

他人を尊重しない人間が、相手から尊重されたいと思っても無駄なこと。そういう人は、多少有能であったとしても結局、自分の価値を下げている。

スキルアップのコツ

時間を「守らない」のか「守れない」のかを探る

「時間は大事だ」というのは、子どもでも知っている。

なのに、毎度時間に遅れる人がいたとしたら、もしかしたらその人には「どうしても遅れてしまう心理的な負荷」がかかっているのかもしれない。

たとえば、予定よりも進捗が遅れているのが申し訳なくて、会議に顔を出しにくいという、罪悪感に負けがちなタイプ。たとえば「どうせ自分に期待している人などいない」と思っているから、時間を守る必要性を感じない、自己否定感の強いタイプ。

厄介な状況だが、、マネジメントを担当する者としては、やはりこれを放ってはおけない。

「守れない人」への対応法

・罪悪感のせいで遅れてしまう人には…

進捗会議は、遅れを責める場ではない。もし遅れているなら、その遅れをチームみんなで取り戻す方法を考える場であるということを伝える。

・自己否定感の強い人には…

「この計画には、あなたが必要だ」「あなたの担当する業務に替えはいない」ということを、きちんと伝える。

⑤ チームのモチベーションをアップさせる

個人には効くアメとムチも、チームの中では要注意

第4章の「習慣力強化トレーニング」の時は、行動を継続させるためのモチベーションアップ策として「ごほうび」や「アメとムチ」を存分に活用した。

しかし、この手法をそのままチームという集団の中に持ち込むと、逆効果になることがある。なぜなら集団の中にいる人間というのは、どうしても彼我を比較してしまうからだ。

あの人はまかされた業務が順調に進んで褒められている。それにひきかえ自分は…となると、モチベーションが上がるどころか、急降下してしまうことにもなりかねない。

ことに、熱血や根性論を嫌う傾向が強い人にとって、身近に自分より優れた比較対象がいるというのは、それだけで意欲喪失の原因になってしまう危険がある。

モノより嬉しい、「理解」と「期待」

では、一体何でテコ入れすれば、メンバーのモチベーションは上がるのだろうか。

もちろんこれは、各人が計画の中で担当している業務内容や進捗状況、性格・志向性によっても異なるが、一方で、これならほぼ誰にでも、確実に効く、というものもある。

ひとつは「この人は自分を理解しようとしてくれている（理解している）」という自己承認欲が満たされること。

そしてもう一つは「この人は自分（の能力）に期待している」という、自己肯定感が刺激されることだ。

人間は、多くの人とつながり、その中で自らの存在価値を見いだす、社会的な生き物だ。自らが関わっていることについて、誰かが注目し、評価している、というのは絶対に悪い気がしない。

たとえ進捗が遅れて褒められた状況でなかったとしても「困っていることある？ 一緒に解決策を探ろう」と声をかければ、自己承認欲求は満たされるのである。

ツボにはまるかわからないごほうびよりも…

すごく
頑張ってるね、
感心
しちゃったよ！
ありがとう！
見ててくれた！
期待されてるんだ…

ここが
ポイント!

「一言メモ」の驚くべき効果

卒業式で友達に書いてもらった寄せ書きや、初めてもらったラブレターを、ずっととっているという人は多いはずだ。それほど大事なものでなくとも、自分に向けられた好意的なメッセージは、とても心に響くもの。相手への感謝や感激を、さりげなく手書きのメモで伝えてみよう。

人は「意気に感じる」もの

〝人生意気に感じる〟という慣用句がある。これは、人間は人の意気（心ばえ、心もちなど）に感じて仕事をするので、金銭や名誉のためにするのではないという意味だ（出典：広辞苑）。

この人はとてもがんばってくれているなと感じる相手がいたとして、その感謝をどんな形で伝えればよいだろうか？　特別賞与を出す権限はあなたにはない。では食事でも…といったところで、他のスタッフの手前もある。

手書きの「一言メモ」は、そんな時に便利だ。口頭で伝えるよりも、視覚に訴えるし、ささやかながら形に残る（残っても他の人がひがむほど高価なものではない）。にもかかわらず、受け取った本人は「自分を評価してくれた」「わざわざ感謝を伝えようとしてくれた」と強く実感でき、さらにがんばろうという気持ちになるのだ。

なにげない「一言メモ」が
一生モノの宝物に
なることだってある

スキルアップのコツ

「ありがとう」や「いいね！」を伝えられる人になる

フェイスブックの「いいね！」やLINEの「スタンプ」など、ボタンを押すだけで交流できるツールが大人気だ。だがその一方では、言葉、手紙といったダイレクト・コミュニケーションを苦手とする人が急増しているという。

しかし想像してみてほしい。目の前で、近くの席で、同じ計画に取り組んでいる仲間に一声をかけるのが、そんなに難しいことだろうか？

世の人々がそれを苦手としているならばなおさら、ちゃんと伝えられる人になれば、あなたは「コミュニケーション上手」「一緒に気持ちよく仕事できる人」と評価されることだろう。

しつこい、うざいはNGだが、ポジティブな気持ちはさりげなく伝えたいものだ。

⑥ チームの組織力をアップさせる①

誰にどの作業を担当してもらうかは計画の正否を占う

第2章の68ページで紹介した「ＷＢＳ」は、大きな計画を小さな作業に分割して、必要な作業単位や所用時間を洗い出すのに便利なフレームワークだ。

ここで細分化された作業の中には、ひとたびコツを掴めば淡々粛々と消化していける作業もあれば、クリエイティブなひらめきや、新たな技術を要求される難易度の高い作業もある。各作業を誰に担当してもらうかによって、計画の進捗はもちろん、目標を達成できるか否かさえ左右しかねない問題だ。

では、どのように決定すれば、作業が安全・確実に進められ、なおかつ担当者の適正に合った人材配置ができるのだろうか？

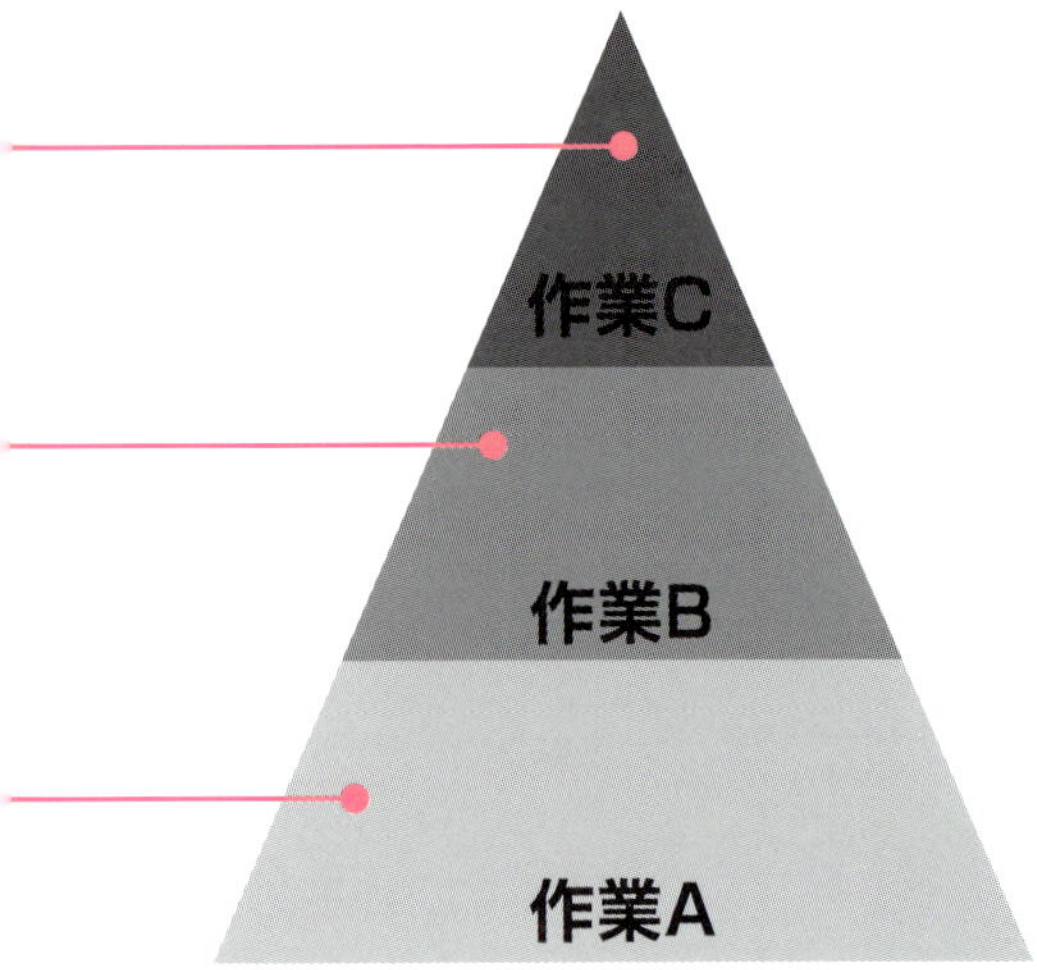

作業の種類を仕分けし想定人員配置を考える

ここであなたがまず行うのは、ＷＢＳをベースにした「作業の仕分け」である。

①作業の種類
②難易度
③ボリューム
④適した人材（能力・キャリアなど）
⑤人数

ただし、この段階では、誰にどこをまかせたいという自分の希望は提示しなくていい。この作業には、こういう資質をもった人材がふさわしく、必要な人数はこのくらい、という見積もりまででOKだ。

そのうえで、次ページ以降で詳しく説明する「人材配置会議」を開こう。

難易度は高いがボリュームは少ない クリエイティブなひらめきがある人に集中的に頼みたい部分	想定人員配置 ベテラン～中堅 3名
難易度中程度 ボリュームもさほどではない キャリアのある人に指揮をとってもらえれば、ステップアップさせたい若手数名に託せそう	想定人員配置 ベテラン1名 ＋ 若手3名
難易度は低いがボリュームが多い 若手をある程度の人数用意しないとこなせないが、慣れればどんどん効率化できそう ただし数量管理は確実を期したいから、几帳面な人を複数立てたい	想定人員配置 中堅2名 ＋ 若手15名

「与えられた仕事」では、本気になれない

ここまでは、誰にどの作業を担当してもらうかを決めるための下準備だ。

そしてここから先は、どの作業を担当したいかを、メンバー自らが選ぶ「人材配置会議」という工程に入る。

はっきり言って時間や手間がかかるが、ここをカットしてしまうとチームのモチベーションや、作業への責任感が低下するおそれがあるため、なんとか時間を確保したいところだ。

一般に、プロジェクトチームというのはある程度の規模になると、決裁権をもった人物が、「●●さんはこの作業を担当してください、××さんはこの作業ね」と、分担を決めてしまうことが多い。

もちろんその人なりに適性や相性などを考慮したうえで決めているはずだが、それでも人はみな「これは会社に与えられた作業」だと受け止めてしまう。

そうなると、スムーズに進んでいる時はよいのだが、つまずいた時などには「人選した会社が悪いんじゃない?」とか「あの人のほうが適していたのに、会社はわかっていない」といった責任転嫁をされてしまう傾向があるのだ。

「自ら選んだ」という事実を全員で共有

この押しつけられ感と他人事感をなくし、自らが選んでこの作業を担当しているのだ、という自覚をもってもらうことが、この一手間をかける理由である。

この会議は基本的に全員参加、そして立候補制で進められる。具体的な進行方法は、次のとおりだ（図解は次ページ）。

①仕分けした作業をひとつずつ書き記した紙を貼り出す
②計画立案者兼プロジェクトマネジャーとして、各作業に必要な人数、適性を説明する
③自分がやりたいのはどの作業かを考えさせ、立候補してもらう（全員が何らかの作業は担当するのだから、立候補しないのはなし）
④立候補の際、なぜその作業を選んだのかを簡潔に発表してもらう

自主的に選んだ仕事だからこそ、責任感と意欲が生まれる

「好きな仕事だから」「その作業が得意だから」「ずっと挑戦してみたかった仕事だから」。立候補する理由はさまざまあるだろう。

ここで重要なのは、自ら選んだ仕事であり、それを仲間に承認された、という事実である（なお、立候補した仕事が、あまりにも当人の適性やキャリアが見合っていない場合は協議すること）。

一見、手間のかかるやり方のように思われるだろうが、この協議から生まれる、一人ひとりの責任感とモチベーションは、その後の計画の進捗を、必ずやスムーズにしてくれるはずだ。

この手間のかかる「人材配置会議」には、他にもいくつかのメリットがある。

メンバーの顔合わせができる

計画に関わるチームのメンバーの顔合わせが一度でできる。また各人がどんな個性や能力の持ち主かということも、立候補の発言等から読み取れる。

作業内容・量等を共有できる

計画がどんな作業／ボリューム感なのか、そこにどれほどのマンパワーがかかるのかを、全員で共有できる。

このメンバー全員でやり抜くという覚悟が決まる

チームとしての一体感を醸成し、いよいよスタートというキックオフミーティングの役割も果たす。

経験ないけどBをやってみたいです
Cがいいな

●「このメンバーでやる！」という意志固めにも効果的

⑦ チームの組織力をアップさせる②

その人の価値を、どこに認めるか

あなたはこれからも、自らの立てた計画や、その実行を通じ、多くの人と関わっていく。その中にはいけ好かない人もいるだろうし、これはすごいと感心する人もいるだろう。

十人十色の人々とつきあう時、「評価の仕方」はとても重要だ。評価というといささか上から目線に聞こえるが、これは要するに「その人の価値をどこに認めるか」ということである。

Aさんは広範な知識をもった人なのだが、空気が読めずにチーム内では浮いている。Bさんは人柄はいいのだが仕事が遅い。

業績という点ではAさんのほうが高いだろうが、一緒に仕事をする人は彼を敬遠するし、Bさんは業務効率的にはいまいちだが、チーム内のコミュニケーションは円滑になる。どちらも、ある点は惜しいが、ある点では優れた人材なのだ。

適材適所を超える「適才適所」を探そう

それぞれにこういう評価をつけたうえで、計画の中で「彼らの力が活かせるポジション」を探してみよう。

Aさんの場合なら、専門性が高く、少人数で集中的に担当する作業がよいだろう。

Bさんはその逆で、難易度は低いが、大人数で担当するボリュームのある作業が向いていそうだ。

本書182ページでは、どの仕事を誰がやるかについては自主性を尊重すべきだとして「人材配置会議」を勧めているが、この時にAさんBさんが、それぞれの価値・才能に見合った作業を、自らの意志で選んでくれたらとても大きな成果が期待できるだろう。

立案者は、この計画にはどんな作業があり、どんな人材が必要かをよく知っている。同じ計画に関わることになりそうな人には、日頃から「Bさんはこういうところが魅力」「これはAさんの得意分野ですね」等、相手を肯定する評価をさりげなく伝えておきたい。

「適才適所」は、計画達成の大きな原動力になる

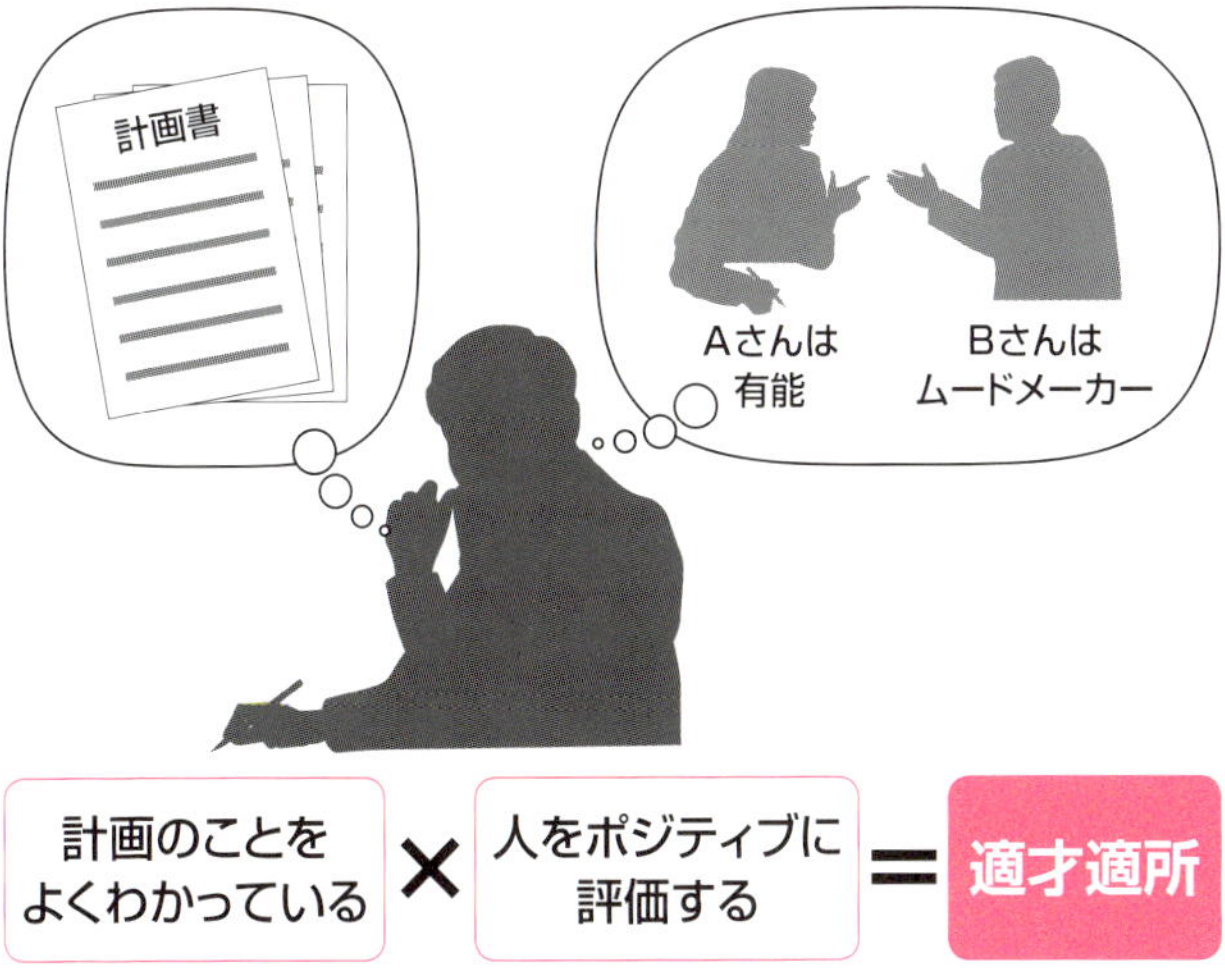
計画書
Aさんは
有能
Bさんは
ムードメーカー
計画のことを
よくわかっている
×
人をポジティブに
評価する
＝
適才適所

ここがポイント!

「褒め上手」になる3つのコツ

謙譲の美学をもつ日本人でも、やっぱり褒められたら嬉しい。ただ、そんなにあからさまに賞賛されると「…何か下心があるんじゃ？」と勘ぐりたくなる。

上手に褒めて、相手のツボをくすぐる、3つの褒め方をご紹介しよう。

1 「さりげなさ」にグッとくる

日本人は大げさな言葉で褒められるとかえって引いてしまう傾向がある。

この人のここが素晴らしいな、と思ったら、伝えるのは公衆の面前などよりも、少人数でいる時の方がいい。ふとした瞬間に、さりげなく告げられた「良い評価」は、深く心に響くものだ。

2 「リアリティ」を信じる

気難しいタイプは、単純に褒めるだけだと「社交辞令でしょ?」といぶかしまれてしまうことがある。そんなタイプには「けなし↓褒め」の合わせ技が有効。

ちょっとネガティブなこともあるけど、ここがいいよねという伝え方は、リアリティがあって信じてもらいやすい。

3 「意外性」に嬉しくなる

理系の人を「この人数字に強いんです」と紹介してもそれは当たり前。でも「理系だけど文学も好きなんですって」と言えば、意外性があって新鮮だろう。言われた方も、そんなところまで見てくれていたのかと感動するはずだ。

TIPS

スキルアップのコツ

「陽にとらえる」思考習慣を身につけよう

江戸っ子流「ポジティブシンキング」

現代にも通じるビジネスマナーの手本として、再び注目されている「江戸しぐさ」。その中に「陽にとらえる」という一節がある。

「陽」は物事のポジティブな面ということで、なにごとも前向きにとらえる、朗らかにふるまう、相手の短所はわかったうえで長所を見る…そんな意味合いをもった、いわば「江戸っ子流ポジティブシンキング」というわけだ。

なにかと世知辛い時代だし、会社の中には折り合いの悪い人もいるだろう。しかし、暗いことにばかりとらわれていては、実りある仕事や、晴れやかな暮らしはできない。

前ページでも書いたように、人はやっぱり、褒められたら嬉しい。人と関わる時は、粗探しをするより、いいところ探しをするくらいの気持ちで向かい合いたいものである。

⑧ チームの組織力をアップさせる③

☑「計画完了」の後から始まる、未来のための重要なミッション

どんな課題であれ、どんな結果であれ、1つの計画が完了した後には「成果報告」をつくるという、これまた大きなミッションが待っている。

売上げ、製造量、出荷数、顧客獲得、シェアアップ、品質などの定量目標を達成することができたかという、比較的わかりやすい成果の検証はもちろんだが、会社が期待しているのは、実はそれだけではない。

もしあなたの計画が、苦労しながらもなかなかよい定量的な成果を得て、運営の中でチームのメンバーとも有意義な経験を共有できたとしよう。

そうしたら会社は「どのようにしてその計画をやり遂げたか」「トラブルにどう対処したのか」といったノウハウや、「この計画に関わったことによって、あなたやメンバーは、どんな経験や成長を手に入れたのか」を知りたがるだろう。

たとえ残念ながら定量的な面であまりよい成果が出なかったとしても、それはそれで得るものはある。失敗に終わったのならなおさら、その原因を検証して、次回に活かすべきだからだ。

☑「計画」に関わることで、人は成長できる

企業が「計画」を立案・推進するということは、より良い未来のための投資という側面をもっている。もちろん定量的な成果にも期待しているが、数字に表れにくい成果を出す人には、会社を発展させるもっと豊かな可能性が秘められているかもしれないのだから。

定量的な成果の資料については、進捗会議をきちんと実施していれば、作成にはそれほど苦労はしないはずだ。

計画の締めくくりに、あなたが本気で取り組むべきは、計画に関わったメンバーの意見を拾い上げること。その中に、仲間の成長や充実感を読み取れたら、その喜びは、さらにあなたを成長させてくれるはずだ。

異なる立場のメンバーから「計画」への感想を集めよう

● 上長や、各作業のリーダー格だった人には、簡易なアンケートを実施

● その他のメンバーには、付箋を渡して一言メモなどにして集める

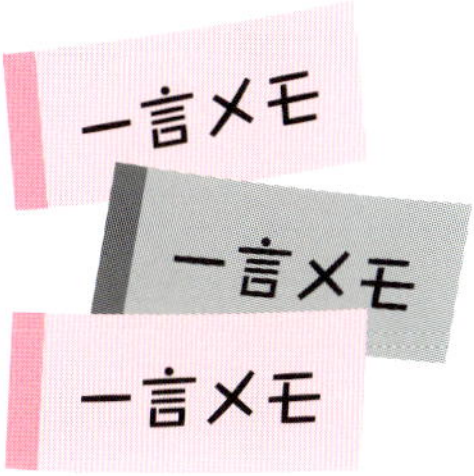

ここがポイント!

定量的評価に用いられる定番資料

定量的な報告資料には、会社ごとのフォーマットがあったりするものだが、ここでは一般的に用いられている定番の資料類を紹介する。これらの内容を意識しながら計画進行中の資料をまとめておけば、さらなる効率化が図れるはずだ。

1

統計データ

定量目標に対する数字的な裏づけ。証拠をまとめた資料。

・売上集計表・粗利実績表・財務管理データ・原価計算書・歩留まり管理データ　など

2

テスト結果

品質チェック、技能試験、特許申請など、計画推進のために実施・受験したテストなどの結果をまとめた資料。

・資格関連の合格証のコピー・品質チェック・強度試験などの結果報告書・特許出願書類　など

3

写真・ビデオ

新旧製品の比較や、開発中の商品デザインなど、目に見える形で記録した方がわかりやすい資料。

・図面・模型や試作品の写真・レイアウト図・サービスや店舗の写真、モニターの反応　など

4

アンケート集計

消費者アンケートなどを実施した場合は、その、まとめ。

・集計データをエクセルでまとめ
・はがきや手紙など、生の声をそのまま・ウェブアンケートの集計結果　など

TIPS

スキルアップのコツ

終わらない「ＰＤＣＡ」を習慣づけよう

目標管理や改善活動に使われる「ＰＤＣＡ」。「計画→実行→評価→改善」の一連の流れを表すこの言葉は、今やすっかり聞き慣れて、新鮮みが薄れかけているかもしれない。

けれど製造・生産管理の現場で用いられていたこのフレームワークが、こうまで一般に普及したのには、やはりそれなりの理由がある。

「ＰＤＣＡ」には、個人のどんなささいな目標にも、巨大プロジェクトにも使える汎用性がある。そして一巡で終了ではなく、その反省・改善計画を受けて、また次のサイクルへと入ることで、ぐんぐん成果が大きくなっていけるところが魅力なのだ。

計画だけではない、日常的な行動にもＰＤＣＡを活かそう

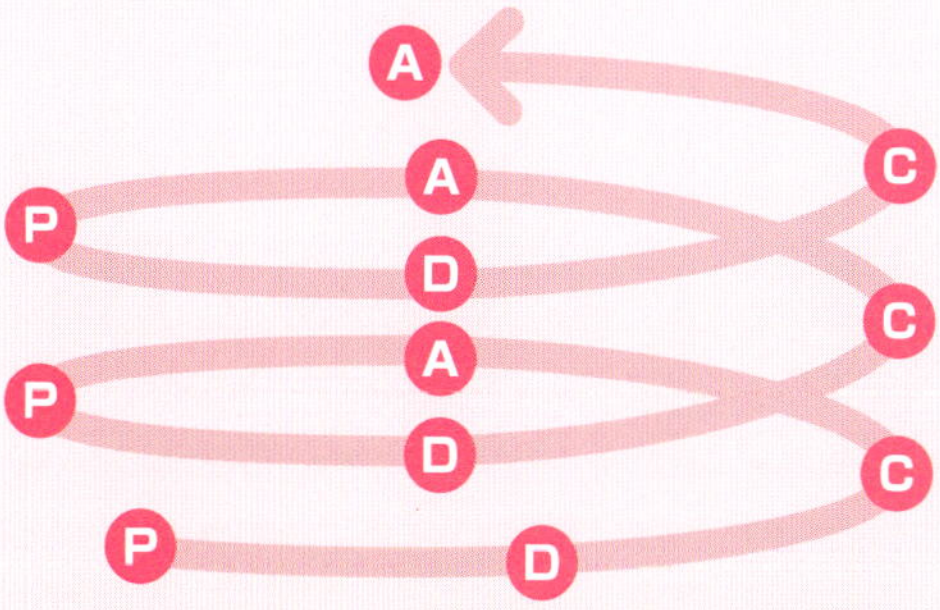

PDCAは、一度きりでは無意味。難度も繰り返すスパイラル状の循環にのって、さらなる高見をめざそう。

⑨ チームの仕事効率をアップさせる

その作業は「定量的」か「定性的」か

理系の人や製造業の人にはおなじみだと思うが「定量目標」と「定性目標」なるビジネス用語がある。

詳しくは自分でも調べてみてほしいが、きわめてざっくり説明すると「具体的な量や数値で示すことができる目標＝定量目標」、「性質・特性で表すべき目標は定性目標」ということになる。

「定量目標」の良い点は、目標を数値で表していることだ。数字は世界の共通語であり、達成できたか、できなかったかの判断は誰から見ても明快だ。

かたや「定性目標」は「あるべき性質」や「めざすべき状態」といった、質的な目標だ。

何をもってその目標に近づいているかという判断にはどうしても主観が入るため、達成度を厳密に測るのが難しい（この問題を解消するため「定性目標」をさらにいくつかの「定量目標」に分割して達成度を測る、といったことも行われる。189ページ参照）。

計画は基本、「WBS」（68ページ参照）等を利用して作業レベルに細分化したうえで実行されるが、その作業には定量的なものと、定性的なものがある。各作業がどちらに分類されるかを、きちんとジャッジしておこう。

「習慣力」で作業を効率化する

「定量目標」を設定できる作業というのは、たとえば最適な手法の考案、新たな機材・ソフトの導入、いざという時のマンパワー投入といったハード面でのテコ入れに関わるもの。それはすなわち「習慣化（習熟）で作業効率が上がる」ということでもある。

担当するメンバーに対しては、最も効率のよい手法を具体的に定め、実行できるように指導する。また、こまめな進捗管理によって、数量が着実に積み上げられているかを確認しながら進めるのが効果的だ。

一方、「定性的」な作業がはかどるか否かについては、経験やアイデアの引き出しといった、個人的な資質によるところが大きい。

では「習慣化」は不要かと言えばそうではない。その他の業務を習慣化によってスムーズに処理することで、本題にじっくり取り組む時間をつくることができる。

その作業は「定量的」か「定性的」か？

作業項目一覧	
1 作業量の予測	定量
2 スケジュールの策定	定量
3 予算・コスト管理	定量
4 調達管理	定量
5 リスク管理	定性

ここがポイント!

エクスペリエンスカーブ（経験効果）を意識する

定量目標を設定できる類の作業は、習熟するにつれて生産量が上がり、コストが下がるという傾向がある。「慣れれば作業が早くなるからたくさん作れる。早く、たくさん作ることができれば単価が下がる」という経験の効果だ。このエクスペリエンスカーブを意識するようにしよう

エクスペリエンスカーブ

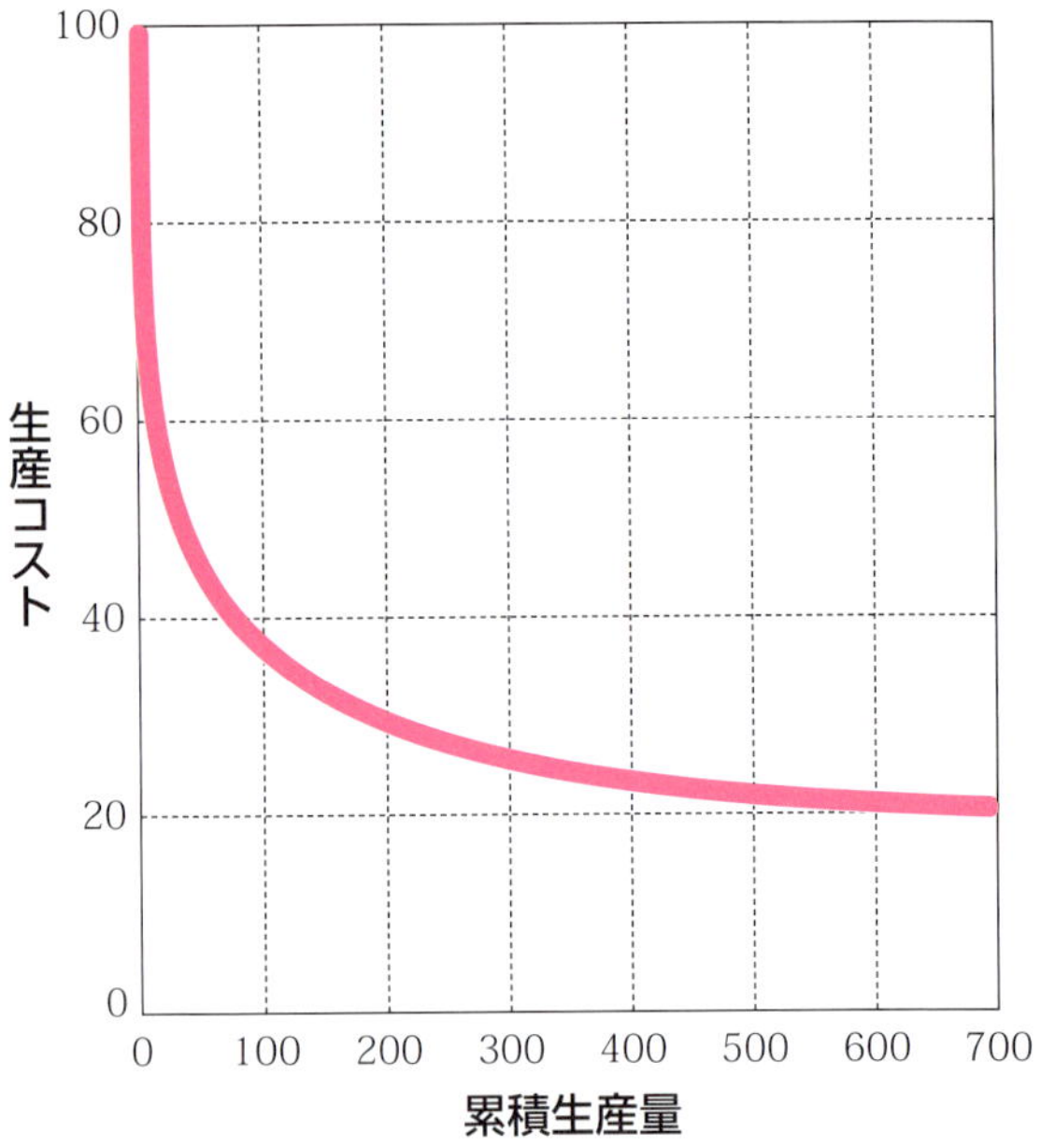

計画の推進にあたっても、とくに定量的な作業については「その作業に習熟しやすい人（経験がある、資質が向いている）」をメンバーに配置することで、より短い期間・少ないマンパワーで目標を達成できることになる。

TIPS

スキルアップのコツ

課題や目標を「定量」「定性」両面から見る

ある日あなたは経理部から、「請求書の発行遅れが多くて困っているのでなんとかしたい」と相談された。

これは「請求遅延を防止する」という状況改善がテーマなので定性目標にあたるが、何をどうするというアイデアは、経理部からは出てこなかった。

そこであなたは、この「定性目標」を達成するために、3つの「定量目標」に置き換えてみることにした。

日々直面する課題や目標を「これは定量なのか、定性なのか。定性だとしたら、実践・達成度の確認がしやすい定量の形に変換できないか」という視点で見つめるのは、計画力強化のよいトレーニングになる。

「定性目標」を「定量管理」に変換しよう

前提 請求書の発行遅れが多くて困る

定性目標 請求遅延のない会社になる

↓

定量目標

❶社員は、月内請求する伝票の有無を、締め切り1週間前までに連絡する

❷経理部は、❶の連絡をしてきた社員に対し、締め切り3日前にメールで督促

❸締め日13時以降に提出された伝票は、翌月繰り越しになることを、全社ルールとして周知徹底する

⑩ チームのトラブル対応力をアップさせる

計画どおりに進まなくなった時どう対応するかが腕の見せ所

計画は、スタートしてしばらくは順調に見えるものだ。作業は日程どおりに進んでいるし、メンバーのモチベーションも高い。

だが、そのまま何のトラブルもなく終了する…などということはあまりない。

どれほど筋の通った計画でも、トラブルは起きるものであり、さまざまなリスクを予測して備えておこう、ということも「計画力」の項では何度か書いた。むしろ発生したトラブルに、いかに素早く気づき、柔軟に対応し、解決するかが腕の見せ所といってもいい。

そのためにも、あなたは「すぐにアラートが届くチームづくり」を、日頃から心がけなくてはいけない。

トラブルを早期発見できるチームをつくる

なにかトラブルが起きそうだ（起きた）ということに、真っ先に気づくのは、当然その作業を担当しているチームのメンバーである。この時点ですぐにアラートを出してくれたらよいのだが、「トラブル」に気づいた人というのは、えてしてなかなか口を開いてくれない。その際の心理は、おおむね左記のようなものである。

①きっとたいした問題じゃないだろう
②ささいな問題かもしれないのに騒ぐと、チームに迷惑かも
③気づいた者が、問題発生の原因を問われたり、解決の責任を負わされるのでは

すぐ報告してくれたら簡単に解決できたかもしれないトラブルが、手遅れになってしまう背景には、こんな自己保身的な心理が働いているらしい。

こんな時のためにも、日頃からアラートを出しやすいチームづくり（雰囲気づくり）をしておくこと、そしてトラブルに対する組織としてのスタンスを明らかにしておくべきなのである。

トラブルに早く気づくために…

❶ たいした問題じゃないだろう	軽微か重大かの判断はみんなでする。まずはオープンな場に持ち出す。
❷ 騒ぐとチームに迷惑がかかるかも	取り返しがつかなくなってからでは、もっとチームが困ることになる。
❸ 問題発生や解決の責任をとらされそう	トラブルはチーム内で共有したのち、一旦リーダークラスが預かって、上部と協議する。個人で抱えこむ必要はない。

常日頃から、チームメンバーに伝えて「気づくチーム」「伝えやすい雰囲気」を習慣的につくる

ここがポイント!

トラブルの早期発見をポジティブに考える

「ピンチはチャンス」という言葉もあるように、トラブルは早めに発見し、柔軟に対応できれば、かえって業務や効率の改善につながる可能性を秘めている。トラブルは改善するために積極的に発見するもの。そんな雰囲気を醸成し、すみやかにアラートが出せるチームをつくろう。

トラブルに対するポジティブな考え方

1. トラブルが発生した、見つかった

2. このトラブルを解決すれば、チームは一歩、目標達成に近づく

3. トラブルはチーム全体の課題として解決する

4. 速やかな解決・改善のためにも、早期発見は喜ばしいこと

5. 何かあったら、早めのアラートを

TIPS

スキルアップのコツ

ヒアリングは犯人捜しのためではない

アラートが入ったら、まずすべきことは、原因や経緯の解析だ。

アラートを出してくれた人に、どんな状況なのか、何が問題か等をヒアリングする際にも、77ページで紹介した「6W3Hシート」が活用できる。

気をつけたいのは、このシートはあくまでも「客観的な状況分析・報告を行うための資料」であるということ。犯人捜しのような気分で問いただしてしまうと、その人は二度とアラートを出してくれなくなってしまうので気をつけよう。

また、チームや組織内で情報を共有する際にも、アラートを出した人が誰かは伏せておくなどの配慮が必要だ。

相手にプレッシャーをかけないヒアリングのコツ

❷うなずく、あいづちを打つ等の共感サインで信頼感アップ
❸記入した内容は、その場で本人に確認してもらう
❶斜めに座る
うんうん

11 計画力×習慣力で3つの目を手に入れる

成功者のもつ「3つの視点」

成功者はこんな視点をもっている、という例として、よく使われている「鳥の目　虫の目　魚の目」という言葉がある。

1番目の「鳥の目」は、「高いところから俯瞰して全体を把握せよ」という意味だ。

仕事に取り組む時、いきなり目の前の小さいことに没頭するのでは、自分が今どこにいるかがわからない。常に全体像を把握しなさい、ということだ。

2番目の「虫の目」は、虫のように地面に近い位置からでないと、はっきりと見えないこともある、という例。上から見下ろしているだけでは気づかない細やかなものが、小さな虫の目には見えている。ターゲットを絞りこんで、詳細に、具体的に物事を見ろ、という意味だ。

そして3番目は「魚の目」。川の流れを感じ取って泳ぐ魚のように、「時間の流れ」を察知して、現在・過去・未来を見て仕事に取り組みなさい、というたとえである。

「計画力×習慣力」で3つの目を手に入れる

この3つの目のエピソードは、しごく簡単に「こういう目を持ちましょう」といった調子で紹介されていることが多い。そのくせ、どうしたら手に入れられるのか、ということに言及していることは少ないのだ。

そして実は「計画力×習慣力」こそが、この3つの目を手に入れる近道である。

計画を立てるには、全体を把握し、それがどんな要素で構成されているかを探り、進むべき方向性を知る、という力が欠かせない。

習慣を身につける工程にしても、これとよく似ている。現在の状況をまじまじと見つめ、より良い姿をイメージし、そちらへ近づきたいと流れに飛び込むのだ。

「計画力」と「習慣力」がセットになると、さらに力を発揮する理由は、このあたりにあるのではないだろうか。

3つの目で「計画」を見つめてみれば…

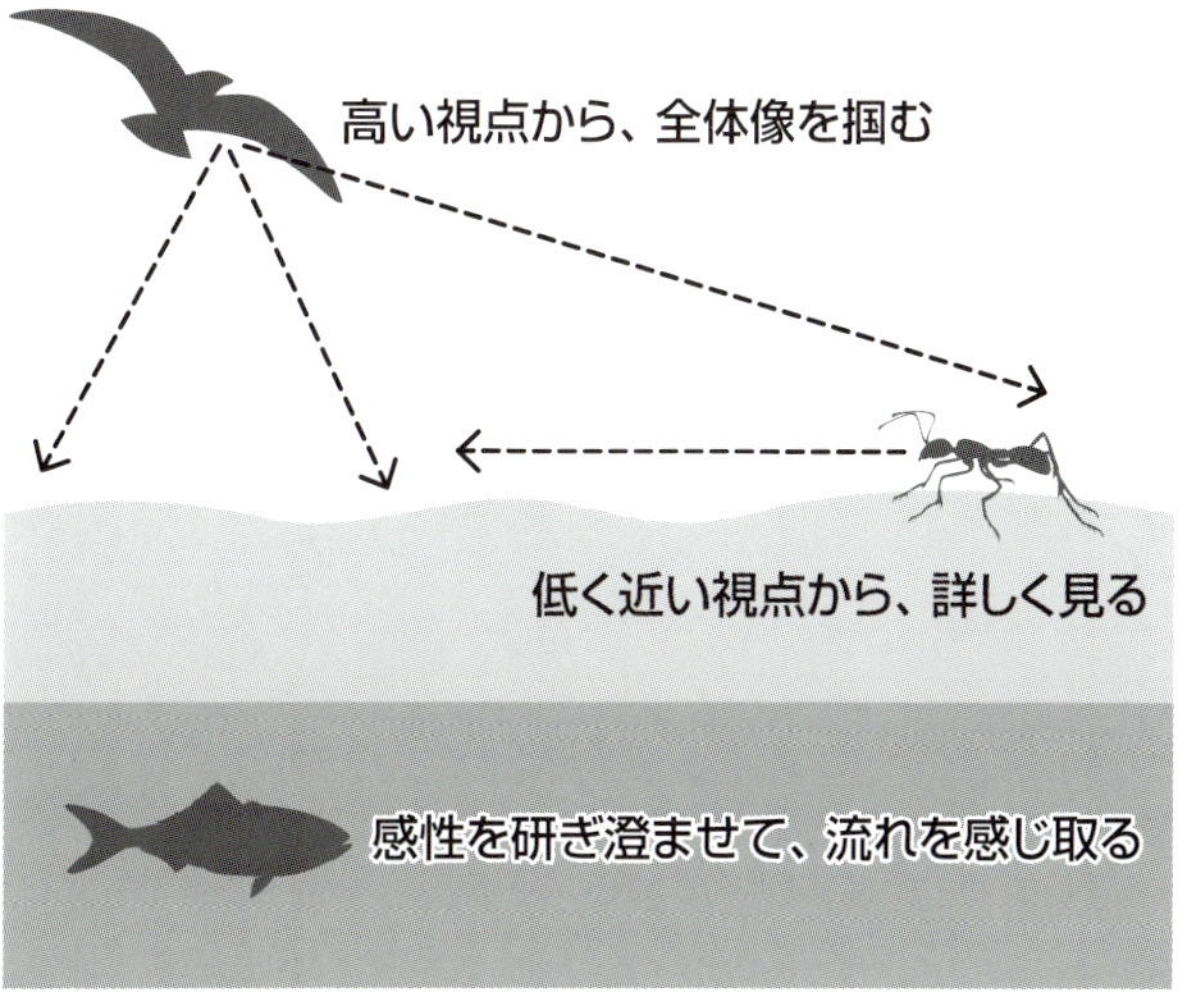
高い視点から、全体像を掴む
低く近い視点から、詳しく見る
感性を研ぎ澄ませて、流れを感じ取る

ここがポイント!

大局観×三現主義×トレンドリサーチ

前述の「3つの目」のエピソードは、書き手・読み手によってさまざまな解釈をされている。

恐らくどれも間違ってはいないのだが、ビジネス用語を用いて、もう少し具体的な解説を加えてみよう。

1

鳥の目は「大局観」

ちょっと離れた高い場所から、全体の姿を把握するマクロな視点。「大局観」ともいわれ、細かい部分に拘泥せず、全体のイメージを大づかみにすることで、物事の本質を把握する力。

2

虫の目は「三現主義」

実際の現場・現物・現実にふれ、よく知った上で問題解決を図る考え方。ミクロな視点で3つの〝現〟を見つめる。トヨタをはじめ多くの世界的企業が、原理原則としていることで知られる。

3

魚の目は「トレンドリサーチ」

水の流れを察知して泳ぐ魚のように、流動的な時代・世間の動きを探る姿勢。次にくるトレンドを読み、しなやかに流れに乗る姿を表現している。

三現主義の考え方

自分の目で確かめ
自分の耳で聴き
自分の肌で感じ
それを元に、自分で考える

TIPS

スキルアップのコツ

第4の目は「心」？「コウモリ」？

前述の「3つの目」に、最近加わった「第4の目」。それは「コウモリの目」だという。

「コウモリの目」は、物事を反対から見たり、一般的な見方にとらわれずに想像したり、固定概念をくつがえして見る視点、ということなのだが、これはまさに、第1章（29ページ）で紹介した発想法のことだろう。

もう一説には「心の目」というのもあって、これは「やり遂げようとする強い意志があって、はじめて見えてくるもの」を映す目だという。

こちらもまた、「習慣力」や「継続力」に相通じるところがあるのではないだろうか。

⑫ 計画力×習慣力は人生を変える

小さな感動体験からはじめよう

第5章の冒頭で「計画力×習慣力」は万能のスキルだ、と書いた。これは大げさでもなんでもない、本当のことだ。

「計画力」と「習慣力」に共通するのは、より良い未来の姿を想像し、そこに向かって現実的かつ継続的な行動をとり（＝大勢であれ、自分一人であれ）、成果を得るという構造だ。この大きな流れを理解したうえで、まずは小さなことからでいい「自分をよくするポジティブ習慣を身につける計画」を考え、実践してみてほしい（「ポジティブ習慣のススメ」152ページ参照）。

これまで幾度も計画倒れや三日坊主に終わってきた人ほど「こうすれば自分の意志でより良い未来を引き寄せられるんだ」という実感がもたらす手応えは大きい。

その感動は、あなたの仕事やプライベートを、俄然おもしろくしてくれることだろう。

「計画力×習慣力」は、あなたの中にすでに根づいている

本書のあちこちに登場しているフレーズだが、毎日あなたが無自覚にとっている行動のほとんどは、「計画」と「習慣」に基づいている。

行動には何らかの目的があり（計画）、その行動の中でも、心身の負担にならないように順応した状態が習慣だ。

あなたはきっと、自分は計画が立てられない、立ててもそれに沿ってやり遂げられない人だと思っているからこそ本書を手に取ったと思うのだが、実際には「計画力」や「習慣力」は、すでにあなたの中にしっかりと根を張っているのだ。

あとは本書に書かれたさまざまなロジックや方法を元に、覚悟を決めてやってみるだけ。

行動→本能→感動という、心はずむ経験が、あなたをさらに大きな計画や、素敵な習慣をモノにできる人へと成長させてくれることだろう。

「計画」と「習慣」の基本構造はほとんど同じ

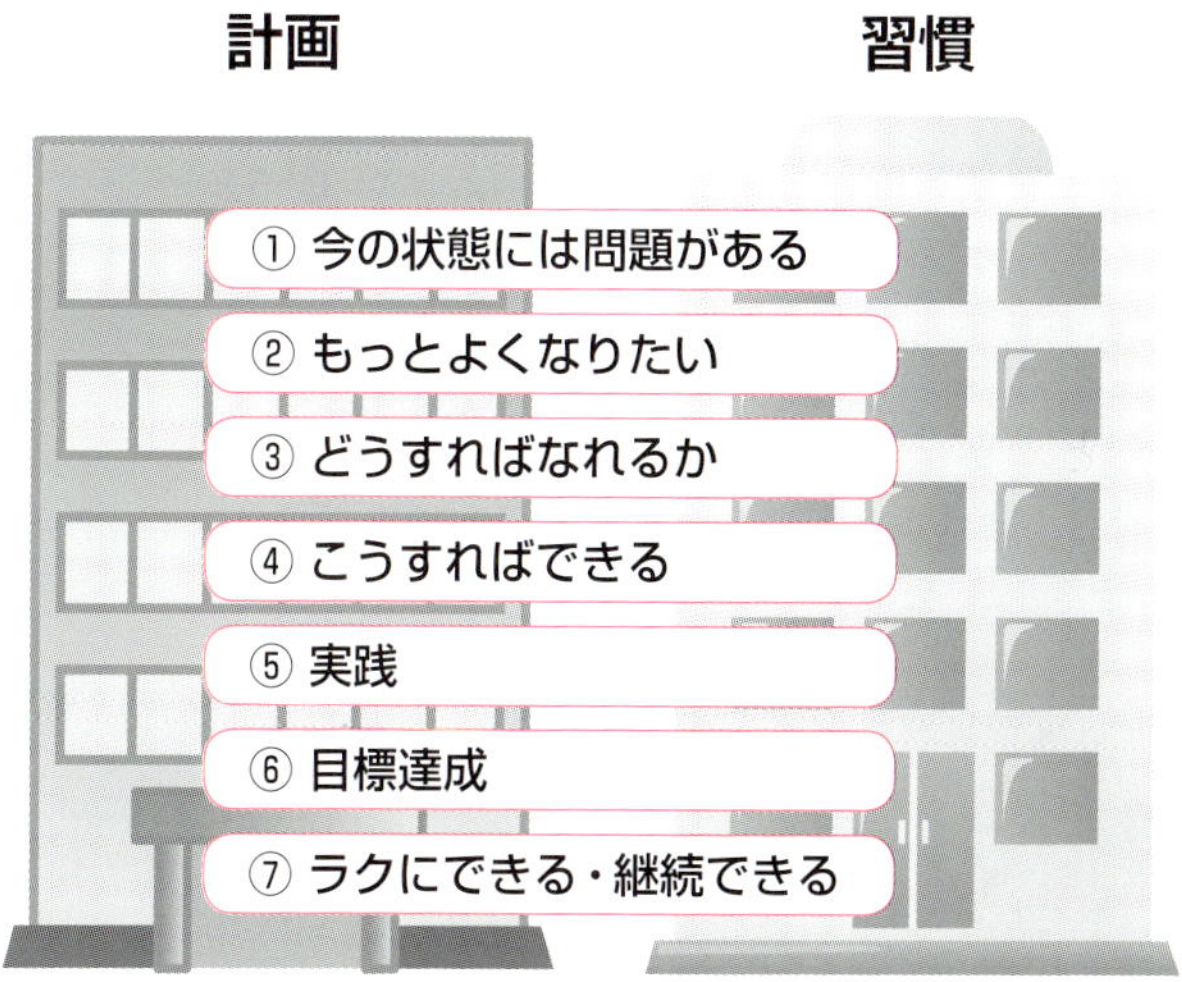
計画
習慣
① 今の状態には問題がある
② もっとよくなりたい
③ どうすればなれるか
④ こうすればできる
⑤ 実践
⑥ 目標達成
⑦ ラクにできる・継続できる

ここがポイント!

ひとつ変えれば、その影響は全体に派生する

「風が吹けば桶屋が儲かる」や「バタフライエフェクト」は極端なたとえになるが、ささいなでき事が連鎖的に次の反応を引き出していくという話は確かにある。良い習慣として多くの人が挑戦する「早起き」をきっかけに、どんなふうにポジティブな影響がつながっていくかを想像してみよう。

早起きの習慣がもたらす好影響

Start!!

朝1時間早く起きるようになった

時間にゆとりがあるから、しっかり食事をするようになった

食事の間は、ニュースを見る

これまでより2本早い電車で出社

始業までに20分のゆとりができた ➡ 出社が早い別部署の社員と話すようになった ➡ ニュースを見ているおかげで話の種には困らない ➡ 意気投合し、業務の相談などもするようになった

メールチェックやTo Doリストの整理を済ませておけるので、始業時にはもう仕事の準備ができている

仕事がスムーズに回るようになってきた

前より残業が減った

退社後にプライベートに使う時間が増え、さらに交流も広まった

TIPS

スキルアップのコツ

「ネガティブな言葉」をポジティブに言い換える

「もともと意志が弱い」とか「生まれつき飽きっぽい」とか。いずれも、物事をなかなかやり遂げられなかった人の定番のいいわけである。

こうしたネガティブな発言を繰り返していると、人は「自分はそういう人間だ。だからどうしようもないんだ」という暗示を自らにかけてしまうことになる。

言葉にすれば、耳で聴いたものを脳は信じてしまうし、それによって体は委縮する。行動までもが縛られてしまうのだ。

しかし、だからこそ逆に「ポジティブな発言」で、自分に良い暗示をかけることもできる。

「意志が弱い」を「強い意志をもちたい」と言い換えるだけでも、暗示から解き放たれることができるのだ。

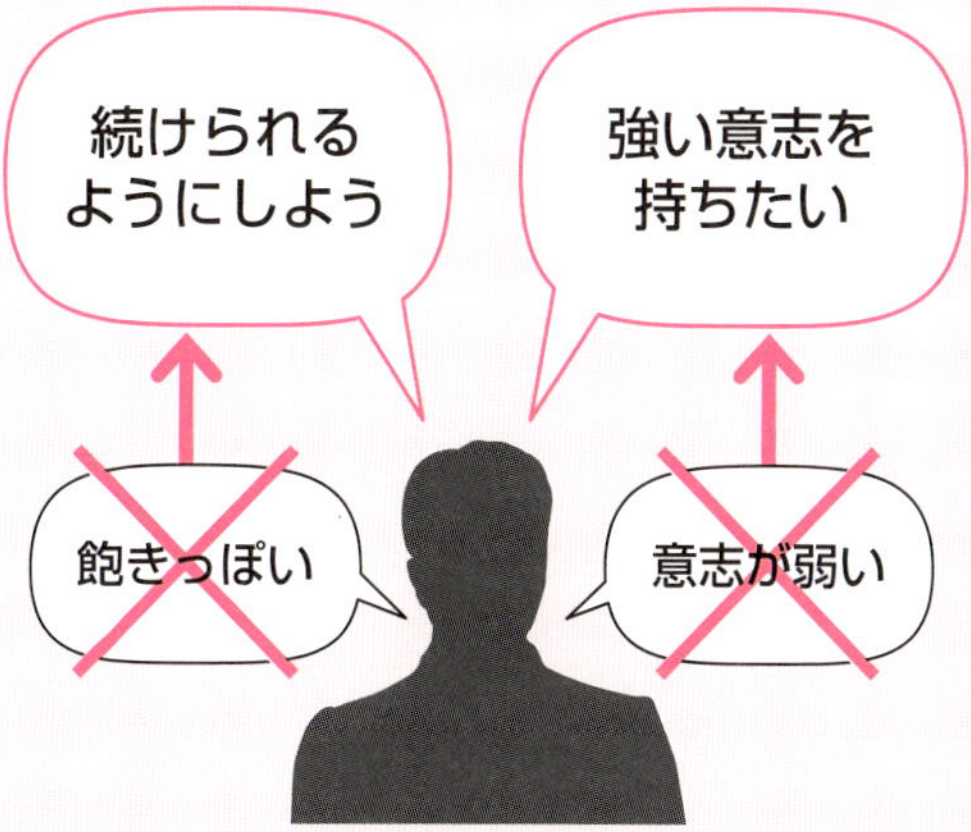
続けられるようにしよう
強い意志を持ちたい
飽きっぽい
意志が弱い

⑬ 3つのセンスを、さらに磨こう

「3つのセンス」はすべての基本

本書第1章の冒頭で、計画力強化に欠かせない基本的なセンスとして、「想像力・客観性・数への鋭敏さ」を挙げた。また、「習慣力強化の9フェーズ」（116ページ〜）を説明する際にも、これらのキーワードがひんぱんに登場している。

しかし実を言えば、この3つのセンスが必要なのは、「計画力」や「習慣力」に限った話ではない。むしろ、あなたの仕事・生活・人生のすべてにおいて重要なこれらのセンスを、日々磨くことを推奨して、本書をしめくくりたいと思う。

「想像力」がないと飛躍できない

「想像力」とは、見たり触れたりすることができないものが、どんな形や状態にあるかを思い描く力のことだ。

まだ見ぬ未来のビジョンを描く。今の自分には到達できないハイレベルな世界について考える。そして、現在の自分とのギャップをありありと感じ、それらを手に入れたいと強く願うことが行動のモチベーションになる。

めざすべき高みを想像することができない人が高く飛べないのは当然のこと。もっと成長したい、成功したいと願うなら「想像力」を磨く努力は必要不可欠だ。

「客観性」がないと成長できない

「客観性」とは、一言でいえば「自分の思い入れを離れ、ちょっと離れたところから物事を見つめる視点」のことだ。

人は自分の思い入れによって、物事にのめりこんだり、はまったりするが、それが他者から見ても意味や価値のあることかをはかるには「客観性」が欠かせない。

ことにビジネスに関わることは、自分だけでなく他者からの肯定があってはじめて、価値を認められる。そんな時、人に見せる前に一旦「課題をクリアしているか、論理が破綻していないか」等、客観視する冷静さがないと、いつまでたっても自分視点でしか物事を考えられず、成長することができない。

「数への鋭敏さ」がないと達成できない

1日24時間×365日×80年。そのうち、あなたが自立して暮らし、働いて、自らの命を養える時間など、本当に限られている。

時間、予算、人数など、多くの数的制約の中で私たちは働き、豊かな実りを手にしなくてはいけない。そう考えれば「数」を意識せずにダラダラと過ごすのは、本当にもったいないことなのだ。

数を常に意識しよう

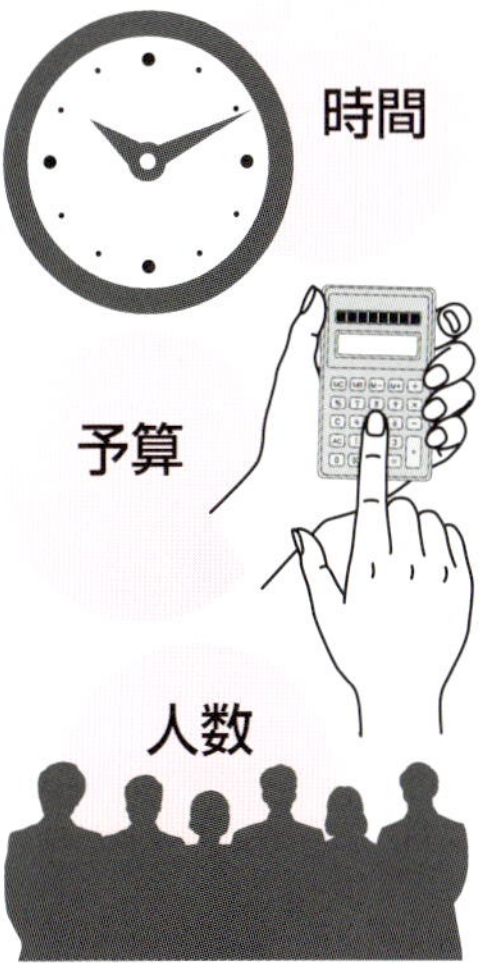

ここがポイント!

3つのセンスをまとめて磨く「活字読書習慣化計画」

「想像力」を磨くには、何といっても活字を読むのが最良の手段である。漫画や雑誌のようなビジュアル中心の本ではなく、挿絵のない活字の本を、シーンを思い描きながら読む。その際に、計画と習慣のエッセンスを加えることで、「客観性」や「数への鋭敏さ」も、同時に鍛えることができる。

Step 1
「今の自分に読ませたい本」を探す
想像力・客観性

Step 2
その本を何日で読むかの締め切りを設定する
客観性・数への鋭敏さ

Step 3
締め切りまでに読了するために、1日何分・何ページ読むかを決める
客観性・数への鋭敏さ

Step 4
読書をはじめる
想像力

Step 5
記録をつける　①何ページ読んだか　②その日読んだ部分の、最初と最後の1センテンスを書き出す　③自分の心に響いたフレーズを抜き出す
想像力・客観性・数への鋭敏さ

Step 6
読了後、当初予定していた締め切りまでに読めたかを検証する
客観性・数への鋭敏さ

TIPS

スキルアップのコツ

魅力的な人のバックボーンを支える「読書」

ちょっと信じがたいデータだが、文化庁による調査では、16歳以上の国民の46・1%が、1カ月に1冊も本（雑誌、マンガを除く）を読まないという。ゼロではなくとも、1～2冊が36・1%というから、現代日本人の8割は、ほとんど読書の習慣がないということになる。

しかし、あなたの身近にいる人で「この人はできるな」「話題が豊富だな」と思う人に訊いてみてほしい。その人はほぼ確実に、読書の喜びを知っているはずだ。魅力的な人のバックボーンには、読書によって培われた想像力や客観性が、生きる力として、凛と通っているのである。

読書中、脳の中では何が起きている？

- 活字を読み、想像力を働かせているとき、大脳は想像したことを実体験のように感じ取っている。
- 景色や音、においや味を想像すると、それぞれをつかさどる脳領域が活性化する。

※テレビやゲームでは同様の現象は起きない

参考文献

『〔ポイント図解〕リーダーシップが面白いほど身につく本』
（守谷雄司,中経出版）

『頭がいい人の習慣術』
（小泉十三,河出書房新社）

『頭がいい人の習慣術〔実践ドリル版〕』
（小泉十三,河出書房新社）

『頭がいい人の習慣術（KAWADE夢ムック）』
（小泉十三,河出書房新社）

『いい企画を出せる人の習慣術』
（小泉十三,河出書房新社）

『「計画力」を強くする』
（加藤昭吉,講談社）

『30日で人生を変える「続ける」習慣』
（古川武士,日本実業出版社）

『リーダーのための目標の立て方・達成のしかた』
（野口靖夫,日本実業出版社）

『すごいチーム』
（富永浩義,あさ出版）

『習慣力』
（今村暁,角川書店）

『知的生産力が劇的に高まる最強フレームワーク100』
（永田豊志,ソフトバンククリエイティブ）

『プロジェクト・マネジメント実践ワークブック』
（近藤哲生,秀和システム）

ＪＭＡＭの本

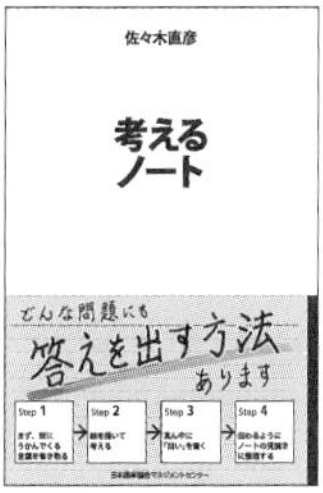

考えるノート

佐々木 直彦　著

独自のノート術で多くのコンサルティング課題を解決してきた著者が実践しているノートを使った問題解決＆アイデア発想法。４つのステップで未来が描ける。

四六判　224頁

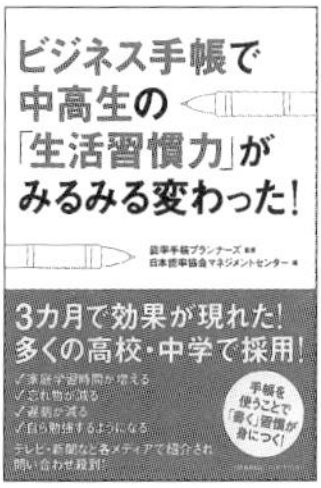

ビジネス手帳で中高生の「生活習慣力」がみるみる変わった！

能率手帳プランナーズ　監修
日本能率協会マネジメントセンター　編

大人の手帳活用術を生徒指導に導入した高校で生徒自ら生活管理を行うようになった。テレビ・新聞で反響を呼んだそのノウハウを紹介。

四六判　152頁

手帳活用パーフェクトＢＯＯＫ

ＪＭＡＭ手帳研究会　編

手帳の選び方や記入の仕方などの基本から、カスタマイズや目的別活用法まで、楽しくなる使い方をきれいなビジュアルと実例で紹介。

四六判　224頁

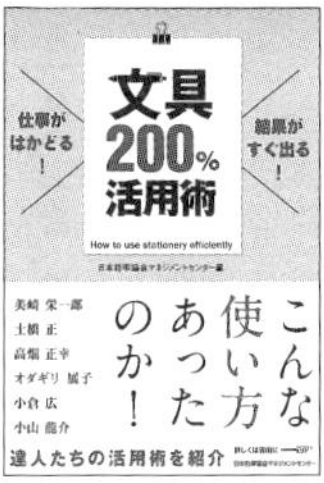

文具２００％活用術

日本能率協会マネジメントセンター　編

仕事の効率、精度アップに欠かせない文具。厳選された一品や、その使いこなし方法を、文具使いの達人や、売り場のプロが紹介する。

Ａ５判　160頁

株式会社
日本能率協会マネジメントセンター（JMAM）

日本能率協会（JMA）グループの中核企業として、1991年に設立。通信教育・研修・アセスメント・e-ラーニングを柱とした人材育成支援事業、手帳を代表とするビジネスツール事業、ビジネス書籍を中心に手がける出版事業を通じて、企業の「人づくり」を支援している。

〈編集協力〉鹿野和彦（株式会社アプレ コミュニケーションズ）

仕事が早くなる!　計画力&習慣力

2013年9月30日　初版第1刷発行

編　者——日本能率協会マネジメントセンター
©2013 JMA MANAGEMENT CENTER INC.
発行者——長谷川 隆
発行所——日本能率協会マネジメントセンター
〒105-8520　東京都港区東新橋1-9-2　汐留住友ビル 24階
TEL 03(6253)8014（編集）／ 03(6253)8012（販売）
FAX 03(3572)3503（編集）／ 03(3572)3515（販売）
http://www.jmam.co.jp

装　丁——萩原弦一郎　橋本 雪（デジカル）
本文DTP——株式会社アプレ コミュニケーションズ
印刷・製本——三松堂株式会社

本書の内容の一部または全部を無断で複写複製（コピー）することは、法律で認められた場合を除き、著作者および出版者の権利の侵害となりますので、あらかじめ小社あて許諾を求めてください。

ISBN978-4-8207-1885-7　C2034
落丁・乱丁はおとりかえします。
PRINTED IN JAPAN